Thoughts on
Applied Linguistics

应用语言学拾零

张 普 ◎著

北京大学出版社
PEKING UNIVERSITY PRESS

图书在版编目(CIP)数据

应用语言学拾零 / 张普著. -- 北京：北京大学出版社，2024.10
ISBN 978-7-301-35097-3

Ⅰ.① 应… Ⅱ.① 张… Ⅲ.① 应用语言学 – 研究 Ⅳ.① H08

中国国家版本馆 CIP 数据核字(2024)第 108114 号

书　　　名	应用语言学拾零 YINGYONG YUYANXUE SHILING
著作责任者	张　普 著
责 任 编 辑	任　蕾
标 准 书 号	ISBN 978-7-301-35097-3
出 版 发 行	北京大学出版社
地　　　址	北京市海淀区成府路 205 号　100871
网　　　址	http://www.pup.cn　新浪微博：@北京大学出版社
电 子 邮 箱	zpup@pup.cn
电　　　话	邮购部 010-62752015　发行部 010-62750672　编辑部 010-62753334
印 刷 者	河北滦县鑫华书刊印刷厂
经 销 者	新华书店 650 毫米 ×980 毫米　16 开本　11 印张　177 千字 2024 年 10 月第 1 版　2024 年 10 月第 1 次印刷
定　　　价	59.00 元

未经许可，不得以任何方式复制或抄袭本书之部分或全部内容。
版权所有，侵权必究
举报电话：010-62752024　电子邮箱：fd@pup.cn
图书如有印装质量问题，请与出版部联系，电话：010-62756370

自　序

张　普

　　岁月如川，人生易老，匆忙之中，我已由壮年进入迟暮。这部自选集是对既往足迹的回顾，某种意义上说，也算画上一个句号。

　　本书收入的文章以应用语言学内容为主，大体包括语言信息处理、语料库的建立，自幼分词、汉字编码研究、动态语言知识更新、古籍整理的现代化手段等，文章来源的形式有论文、教材、调查报告、评议、书籍前言等。

　　还有一些诗歌、杂文、采访手记、报道等，未能收入，它们都是公开发表的，但当时没有电子版，而纸本原件迭经数次搬家，已不知去向，甚为遗憾。

　　这本自选集得以由北京大学出版社出版，我非常荣幸，北京大学是我的母校，我永远难以忘怀在燕园度过的青春时光。

　　最后，我衷心感谢为我提供平台的时代，衷心感谢指教和培养我的前辈，衷心感谢与我精诚合作的团队，衷心感谢一直全力支持我事业的家人。

2017 年冬

目录

壹 语言信息处理概论 //1
    一 语言研究面临的世纪性挑战 //1
    二 语言信息处理概说 //3

贰 语言自动处理系统的构成 //7
    一 语言资料库的构成 //7
    二 语言知识库的构成 //10
    三 背景知识库的构成 //12
    四 语言自动处理软件系统的构成 //12

叁 语料库的建立 //14
    一 中文输入法 //14
    二 语料库的分类 //16
    三 第三代语料库 //24

肆 语料的自动标记——自动分词 //28
    一 自动分词原理 //28
    二 语料库的标记 //30

伍 给中国社会科学院副院长江蓝生的重大课题所做的调研报告(其一) //32

陆　汉字编码研究总论 //42
　　一　汉字的单字处理 //43
　　二　汉字编码的字词处理 //49
　　三　汉字编码的字词句智能处理 //54
　　四　汉字键盘输入平台 //64
　　五　汉字数字键盘输入技术 //71
　　六　汉字键盘输入技术的发展展望 //76

柒　《动态语言知识更新研究》前言 //88

捌　基于动态流通语料库的语感模拟和新词语提取研究 //116
　　一　关于动态语料库 //116
　　二　关于流通度 //120
　　三　关于语感模拟 //123
　　四　关于新词语提取研究 //124
　　五　DCC 博士研究室关于"语"的提取研究 //129

玖　21 世纪——数字化对外汉语教学的新时期 //132

参考文献 //149

附录：《赤光》和《少年》在法国里昂发现始末 //152

跋语 //166

壹 语言信息处理概论

一 语言研究面临的世纪性挑战

1. 信息处理面临的挑战

随着知识经济时代的到来,一个国家的信息拥有量和处理水平已成为衡量一个国家综合实力的重要指标之一。

自然语言是人类用来表达和交流思想的工具。在现代社会中,以语言形式记载和传递的知识占了80%。联合国有六种法定工作语言,而目前网络上还没有法定工作语言,网络上主要工作语言依然是英语。因此,在我国当前与未来的社会经济和科学技术发展进程中,中文信息处理研究占有极为重要的地位。

20世纪后半叶,特别是20世纪70年代以来,我国中文信息处理主要解决了汉字信息处理的问题,造就了以激光照排等文字处理系统为代表的一批高新技术。从20世纪末到21世纪,中文信息处理进入了高级阶段——汉语信息的知识处理问题。

知识处理的核心是大规模真实中文文本的自动处理。它是典型的跨学科研究,既需要计算机科学,也需要语言学、认知科学等学科知识来开展综合研究。为实现面向21世纪计算机网络时代的中文文本智能化处理的目标,亟待加强我国在中文信息处理领域中的基础研究工作。

我国是汉语的故乡。在中文信息处理的基础研究方面,我国享有得天独厚的优势。这一领域是最有可能形成自主知识产权的新信息产业,可能成为我国经济未来新的增长点。

目前,以美国为首的一些发达国家,正在加大对汉语信息处理的基础研究和应用研究的力度。IBM、微软、富士通等大公司甚至将其对中文信息处理的研究推进到中国本土,在北京设立了汉语信息处理部门。对知识经济的争夺态势已经形成。

面对如此严峻的挑战,我国涉及汉语信息处理相关研究的部门长期存在着资源封闭、力量分散、基础研究重复、应用成果不可比等问题,这些弊端阻碍了汉语信息处理产业的进一步发展,形成了资源浪费、不能共享的局面。此外,国内仅有的一些汉语信息处理研究成果正在迅速向国外流失。

目前,学术界希望为整个中文信息产业配备基础知识库,使语言、知识资源能够得到合理统一配置。这可以为各类中文信息处理应用技术提供坚实的保证,并凝聚国内一切汉语信息处理应用研究的力量。既而为中文信息处理产业全方位持续发展找到出路,使我国真正成为汉语信息处理大国和强国。

2. 信息处理的理解图示

信息处理的构成,见图1.1。

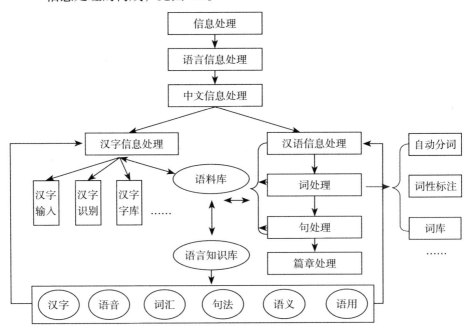

图1.1 信息处理构成的示意图

3. 中文信息处理研究的转向

研究目的：从面向人到面向人机，从人人对话到人机对话，要解决机器理解、机器表达、机器学习等问题。

研究对象：从单纯研究语言到研究语言、人脑、电脑；从研究单语种到研究多语种；从研究语言到研究生理、物理、心理等多学科；从研究规范文本到研究大规模真实文本。

研究内容：字处理、词处理、句处理、篇章处理，涉及文字、语音、词汇、句法、语义、语用各个方面。

研究方法：从举例法到统计法、穷尽枚举法、相关分析法、模糊法；从单纯语言研究到多学科交叉的综合研究。

研究手段：从手工研究到计算机辅助研究、自动处理。

研究结果：计量化、精确化、形式化、标准化。

研究队伍：扩大化、综合化、技术化、年轻化。

4. 语言研究的现代化进程

语言研究的现代化进程，见图 1.2。

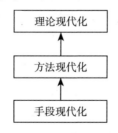

图 1.2　语言研究的现代化进程

二　语言信息处理概说

1. 什么是语言信息处理

语言信息处理（Language Information Processing）是指利用计算机对自然语言的音、形、义等信息进行处理。即对字、词、句、篇章的输入、输出、识别、分析、理解、生成等的操作与加工。

汉语信息处理（Chinese Information Processing）是指利用计算机对汉语的音、形、义等信息进行处理。

汉字信息处理（Chinese Character Information Processing）是指利用计算机对汉字表示的信息进行的操作与加工，如汉字的输入、输出、识别等。

语言（Language）是为了传递信息而使用的一组字符、约定和法则。

自然语言（Natural Language）是一种语言，其规则是根据当前流行的用法，而不是通过明确的形式规定。

人工语言（Artificial Language）是一种语言，其规则在使用前已经明确地规定了。

受限语言（Restricted Language）是在词汇、句法、语义及语用等方面受到人为限制的自然语言的真子集。

2. 语言信息处理的研究对象

2.1 处理对象

受限语言研究。就汉语信息处理而言是研究受限汉语，即在文字、语音、词汇、语法、语义、语用各方面进行人为限制，制定信息处理用的相应的标准和规范，例如：

GB/T 1988-1998《信息技术　信息交换用七位编码字符集》

GB 2312-80《信息交换用汉字编码字符集 基本集》

GB 5007.1-85《信息交换用汉字 24×24 点阵字模集》

GB 5007.2-85《信息交换用汉字 24×24 点阵字模数据集》

GB 5199.1-85《信息交换用汉字 15×16 点阵字模集》

GB 5199.2-85《信息交换用汉字 15×16 点阵字模数据集》

GB 6345.1-86《信息交换用汉字 32×32 点阵字模集》

GB 6345.2-86《信息交换用汉字 32×32 点阵字模数据集》

GB 12200.1-90《汉语信息处理词汇　01 部分：基本术语》

GB/T 12200.2-94《汉语信息处理词汇　02 部分：汉语和汉字》

GB/T 13715-92《信息处理用现代汉语分词规范》

GB 13000.1-93《信息技术 通用多八位编码字符集（UCS） 第一部分：体系结构与基本多文种平面》

GB 16794.1-1997《信息技术 通用多八位编码字符集（Ⅰ区） 汉字48点阵字型 第1部分：宋体》

GF 3001-1997《信息处理用 GB 13000.1 字符集汉字部件规范》

SJ/T 11143-1997《计算机用普通话语音库规范》

国家语言文字工作委员会标准化工作委员会编《现代汉语通用字笔顺规范》（北京：语文出版社，1997年）

2.2 语言信息处理与其他学科的关系

（1）与语言学的关系

现代语言学：理论

计算语言学：手段

数理语言学：算法

应用语言学：应用

（2）与计算机科学的关系

硬件环境：输入、输出、词典（也可以是软词典）

软件环境：系统软件、工具软件、应用软件

（3）与认知科学的关系

认知语义学、语感的量化与模拟

语言信息处理与其他学科的关系，见图 1.3。

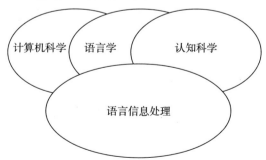

图 1.3 语言信息处理与其他学科的关系

3. 语言自动处理系统的分类

3.1 单语种语言自动处理

书面语言自动处理（共时、历时）

口语自动处理（转写、语音）

多媒体语言自动处理（双媒体、三种及以上媒体）

3.2 多语种语言自动处理

双语语言自动处理（兼容、对照、转换）

多语语言自动处理（中间语言、语义网络）

贰 语言自动处理系统的构成

一 语言资料库的构成

1. 语料库的定义

语言资料库，简称语料库（corpus）。它是大规模真实文本的有序集合，是利用计算机对语言进行各种分类、统计、检索、综合、比较等研究的基础。

"文本"是语言的符号串，文字信息的处理对象，是依据语言学的原则和数理统计的方法从自然语言中抽取出来的。根据研究的需要，所抽取的文本长度有时是其自然长度，有时是定长的。在从相对无限的自然语言材料中抽取有限的文本时，有时是等密度的，有时是不等密度的。

"真实"文本是指这些被抽取的文本必须是来自使用中的客观的语言材料，即原样的、未经收录者修改的，甚至包含着非规范用法或错误用法的语言材料，这是面向机器的语料库建设的一个基本观点。

"大规模"真实文本是指文本和语料要达到一定的数量和覆盖较广泛的领域，所谓覆盖是指语料和文本在各个不同领域的分布或散布。

从 20 世纪 90 年代开始，国际自然语言处理领域发生了一些重大变化，其特征之一是转向对大规模真实文本的研究和处理，以大规模真实文本为基础的语料库及其语言研究和知识自动获取受到高度重视，并且越来越走向深入和实用。1993 年，清华大学黄昌宁教授在《语言文字应用》第 2 期发表《关于处理大规模真实文本的谈话》，其中提到这种变化和发展反映了现代语言学研究中经验主义思潮的复苏，在语法研究方面促进从宏观到微观的回归，给语言文字研究带来的巨大影响之一就是语料库语言学的崛起，该文引起了语言学界的关注。1995年，清华大学出版社和广西科学技术出版社联合出版东北大学姚天顺教授等编著的《自然语言理解——一种让机器懂得人类语言的研究》一书，其中有专门一章讲述"语料库语言学"。1997年，复旦大学出版社出版复旦大学计算机系教授吴立德等著的《大规模中文文本处理》，该书在借鉴国外研究成果的基础上，以大规模中文文本为处理对象，系统地介绍了大规模真实中文文本信息计算机处理的理论和方法。其中包括：

（1）无标记语料和有标记语料
（2）生语料（基础原文）和熟语料（精加工语料）
（3）流通度（反映媒体特征）
（4）语料内标记和语料外标记：语料内（语料标记）
　　　　　　　　　　　　　　词汇标记
　　　　　　　　　　　　　　语法标记
　　　　　　　　　　　　　　语义标记等
　　　　　　　　　　　　　　语料外（文本标记）
　　　　　　　　　　　　　　时间轴（反映时代特征）
　　　　　　　　　　　　　　空间轴（反映地域特征）
　　　　　　　　　　　　　　学科轴（反映知识特征）
　　　　　　　　　　　　　　风格轴（反映语体特征）

语料库中的任何一个文本都可以标记出这四方面的特征。此外，文本还有其他方面的特征，例如：作者、版本、出版者等。

2. 多语种语料库和多媒体语料库

基于超文本、超媒体技术的多语种、多媒体语料库的构成：

（1）多语种语料库的构成（法国国家科研中心 CATAB 实验室）

（2）多媒体语料库的构成（文字、图像、声音）

具体分类见图 2.1。

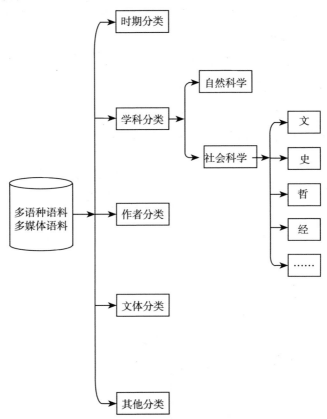

图 2.1 多语种语料和多媒体语料的分类

二　语言知识库的构成

1. 语言知识库的定义

1.1 语言知识库（language knowledge base）

计算机所存储的语言知识的集合。它是计算机从语音、文字、词汇、句法、语义、语用等角度对语言进行信息处理的基础。

1.2 语言知识的种类

单媒体语言知识，属于单语种知识。

多媒体语言知识，属于多语种知识。

多语种语言知识（文字、声音、图像），属于全信息知识。

多语种语料库、多媒体语料库、语言资料库均可自动获取这三种知识，见图 2.2。

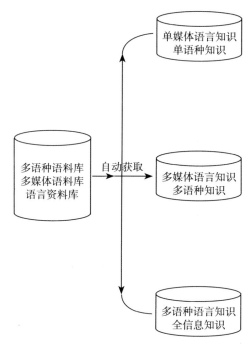

图 2.2　语言知识自动获取示意图

2. 语言知识库的构成

语言知识库的构成，见图 2.3。

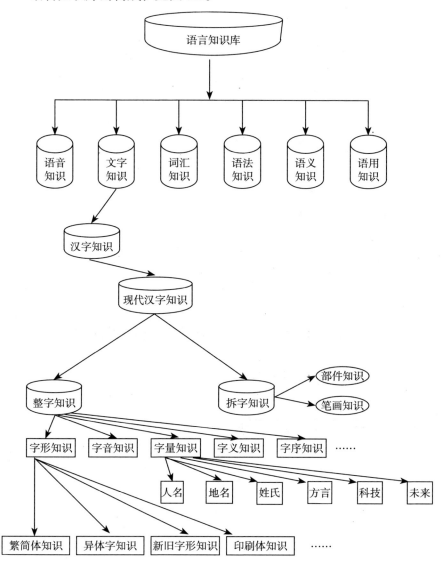

图 2.3　语言知识库的构成

三 背景知识库的构成

1. 什么是背景知识

背景知识指非语言知识的交际知识。其与交际的关系，见图2.4。

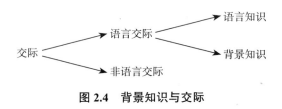

图 2.4 背景知识与交际

2. 背景知识的相关概念

背景知识

百科知识

世界知识

四 语言自动处理软件系统的构成

语言自动处理软件系统至少要包括以下六类主要功能模块。

1. 基础原文建立模块：生语料库

语料录入

文本标注

文本校对

文本抽取

文本预处理

2. 语料库加工处理模块：熟语料库

人工标记与自动标记

自动分词（包括自动识别人名、地名等专有名词）

自动标注词性
自动标注短语
自动标注语义（词义项）
自动标注句型
自动标注句类

3. 语料库维护管理模块
语料增删
语料链接
语料分级
语料注册（文本有序）

4. 语料库的知识获取模块
统计知识获取
对比知识获取
语法知识获取
语义知识获取
背景知识获取

5. 用户检索模块
数据检索
全文检索
关键词检索
自由检索
浏览 等

6. 输出打印模块

叁 语料库的建立

一 中文输入法

1. 汉字编码

1.1 中文电脑化与电脑中文化

民族语言支持能力（National Language Support，NLS）是指使计算机具备处理民族语言的能力。

1.2 术语定义

汉字输入（Chinese Character Input）是指利用汉字的形、音或相关信息，通过各种方式，把汉字输入计算机中的过程。

汉字（汉语词语）编码［Chinese Character (Chinese Word and Phrase) Coding］是指按照一定的规则，对指定的汉字（汉语词语）集内的元素编制响应的代码。

汉字编码方案（Chinese Character Coding Scheme）是指汉字集元素映射到其他字符集元素的一组完整的规则。

汉字键盘输入方法（Chinese Character Keyboard Input Method）是指运用某种编码方案、键盘设备及计算机资源，由操作者向计算机输入汉字的方法。

2. 汉字键盘输入法的分类

汉字键盘输入法的分类，见图 3.1。

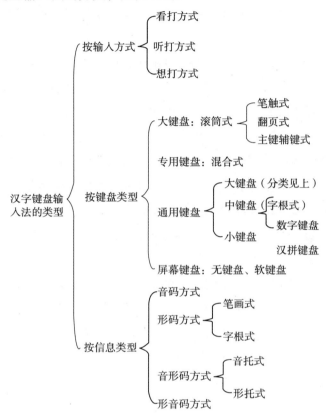

图 3.1　汉字键盘输入法的类型

3. 关于对外汉语教学中应选择使用的汉字输入法的几个设想

（1）意念输入方式

（2）通用键盘输入法

（3）以汉语拼音方式为主，字形输入方式为辅

（4）设计适用于普通用户的输入法

二 语料库的分类

1. 面向语言本体研究和语言教学研究的语料库与面向语言信息处理的语料库

从建设的目的来看,我们可以把语料库分为两大类:一类是面向语言本体研究和语言教学研究,一类是面向语言信息处理。二者的目的明显不同,尽管存在差别,但也可以相互参考或提供服务。

例如:北京语言学院出版社(现北京语言大学出版社,下同)出版的《现代汉语频率词典》本来是为对外汉语教学提供参考的,但是信息处理界也大量借鉴;北京航空学院(现北京航空航天大学,下同)的现代汉语词频统计语料库原本是为信息处理服务的,但在对外汉语教学领域制定 HSK(汉语水平考试)的词汇等级大纲时,也将其作为重要的依据之一。

更重要的是因为要得到面向机器的语言规则,基于语料库的统计分析也需要语言学家的支持和参与,计算语言学专家和计算机专家也采取"将欲取之,必先予之"的做法,帮助语言学界建立语料库和编制语料库的加工、检索工具。另外,一些接受了对语言进行计量分析和形式分析方法的语言学工作者也同样持"工欲善其事,必先利其器"的态度,学习语料库的开发方法或积极与计算机界合作。

国际上,语料库建设与研究的发展历程也大致如此,包括面向语言研究和教学现代化的语料库建设,以及面向语言信息处理的语料库建设两类,并且这两类正在互相支持、互相促进、互相渗透。

1.1 面向语言本体研究和语言教学研究的语料库

国内语料库的建设始于 20 世纪 70 年代末和 80 年代初,那时的语料库大多不是为了理解自然语言而建立的。无论是汉语语料库,还是其他语种的语料库,最早的语料库建设都是面向语言本体研究或语言教学研究,目的是促进其现代化。例如:我们在武汉大学建立的"现代汉语语言资料库",收录语料完全遵循传统的"以典范的现代白话文著作为语法规范"的原则,因此入选的文本当然就是老舍、曹禺、巴金、叶圣陶等诸位先生的名著全文。因此有人把我们的语料库叫作"中国文学名著语料库"。当时那个语料库的软件系统就已经可以进行字的频度统计，生成汉字"频度表"，自动编纂"逐字索引"，还可以统计专著的句长频度，计算平均句长，可以检索每个字的上下文。语料库的直接作用是为当时编纂的《汉语大字典》补充现代汉语例句，并由四川人民出版社出版了《现代汉语语言资料索引》。另一作用是便于语言工作者（那时大家都没有电脑，见到过计算机的人也为数不多）在研究时查找例句。第一册书前有吕叔湘先生的序言，他在最后说道："他们的工作在语言研究手段现代化这件事上做了一个良好的开端，我希望有更多的语言工作者和计算机专家结合起来，把这项有重大意义的工作推向前进，取得更丰硕的成果。"

我那时在语言学的"六五"规划会（1983年全国语言学学科规划会议）上也是公开地说，"我们愿意做大家的资料员"。

1980年，我在《中国语文通讯》第2期的《关于语言研究手段的现代化》中也说："不采用现代化的搜集资料的手段，新的研究方法的使用，新的语言理论的产生都要受到局限，我们必须在语言研究现代化的进程中把研究手段的现代化置于格外重要的地位。"

到了1983年年初，我们就在全国语言学学科规划会议和中国中文信息研究会第2次学术年会上分别报告和发放了《语言自动处理中心和现代化语言资料中心的建设规划》（简称《建设规划》），内容是对"一软三库"的介绍，"一软"是"语言自动处理软件系统"，"三库"是"语言资料库""语言知识库"和"语言数据库"。我在《建设规划》中有一张图，描述语言研究现代化的三个组成部分，见图3.2：

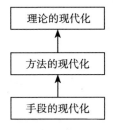

图 3.2　语言研究现代化的三个组成部分

足见,早期我们的语料库建设明显地是从语言研究的现代化出发的,说那时语料库建设主要是为了语言研究的现代化是恰如其分的。

当时杨惠中、黄人杰在上海交通大学做的是"英语语料库",其进展速度和规模与我们差不多,目的也是为研究语言本身服务的。

而北京语言学院(现北京语言大学,下同)建成的"现代汉语语料库",北京师范大学建成的"中小学语文课本语料库",则都是面向汉语教学的,前者面向对外汉语教学,后者面向国内中小学语文教学。

1.2 面向语言信息处理的语料库

同期,早期的面向语言信息处理的汉语语料库建设也开始了。1981年,由北京航空学院为主办单位,北京大学、中国人民大学、武汉大学等 10 所大学为参加单位,承担了国家科委委托国家标准局下达的现代汉语词频统计任务,为此建立了一个现代汉语语料库,该语料库从约 3 亿字的选材中抽样采选了约 2500 万字。

研究的主要目的是要确立《中文信息处理用通用词表》,该词表的确立考虑了频率 (P)、状态数 (Z)、均匀性 (J)、定型性 (D)、词长 (K)、状态 (L) 等因素。选词函数 (F) 为:$F = P \times Z \times L \times J \times D \times K$。其中,$P \times Z$ 为词的使用度,$L \times J \times D \times K$ 为选词因子,其选词函数可以说既考虑了共时因素,也考虑了历时因素。

当时主要考虑的是汉字编码输入的问题,词表当时"不收单字词"(GB 2312 字符集中已有),"多字词优先"。"以二字词为主。但是,由于三字以上词的收录可以更有效地提高编码输入及传输的效率,且词的字数越多越有利,因此,酌情增加了多字词的收录。"这就足以说明其主要是为了汉字编码输入的。

2. 平衡语料库与平行语料库

2.1 平衡语料库

平衡语料库主要是从语料代表性与平衡性出发的。

我们曾经提出语料采集时的七项原则,即:语料的真实性、语料的可靠性、语料的科学性、语料的代表性、语料的权威性、语料的分布性和语料的流通性。其中,分布性还要考虑语料的学科领域分布、地域分布、时间分布、语体分布等。

何婷婷(2003)认为平衡语料库是"预先设计语料库中语料的类型,定义每种类型所占的比例,并按这种比例组成语料库,如众所周知的 Brown 语料库"。

黄昌宁和李涓子(2002)则认为:"语料库的代表性和平衡性是一个迄今都没有公认答案的复杂问题。里奇(Leech,1991)曾指出,一个语料库具有代表性,是指在该语料库上获得的分析结果可以概括成为这种语言整体或其指定部分的特性。早期布朗或 LOB 语料库的结构是经过小心设计的,因此它们通常被分别视为美国英语和英国英语在那一特定时期的代表。当然,代表性和平衡性的概念在最终的分析中取决于判断,而且只能是近似的。"

我也曾在 1999 年指出:"散布和分布的考虑使得语料库的建立进一步科学化,但也仍然存在值得推敲的问题,主要的问题是:

(1)各个分布点所选取的语料量的科学依据是什么?

(2)使用度是否已经完全真实地反映了语言的使用情况?"

例如:以"新闻报刊"语料而言,在不同的语料库中所占的"平衡"比例并不一样。其在北京航空学院现代汉语词频统计语料库中占 16.2%,国家级现代汉语语料库中占 13.79%,国家"八五"汉语语料库中占 14.3%,北京语言学院现代汉语语料库中占 24.39%,而在著名的布朗语料库和 LOB 语料库中分别各占 17.6%。哪个比例是科学的?

又例如:1999 年,我曾经列举前些年使用度较高的"粮票""万元户""脑黄金""呼啦圈""大哥大",现在已经用得不多了,前些年使用度不高的"证券""股票""保险""互联网""光盘""手机""焗油"现在用得正火,而现在用得正热的"房改""下岗""分流""克林顿""回归"过两年使用度又会如何?现在使用度还不高的"欧元""埃居""天网""地网""视窗 98""远程教育""全数字电视"等过几年又会怎样?如今回顾,当时预测的高频词下降和低频词上升均"不幸言中"了,这正是因为语言在持续演变。因此,我们仍需要探索能够监测语言变化的动态流通语料库。

2.2 平行语料库

平行语料库一般有两种含义,一种是指一种语言中语料采样的平行,是文本(外)的平行。

例如:正在建立的国际英语语料库,共有 20 个平行的子语料库,来自以英语作为母语或官方语言和主要语言的国家,如英国、美国、加拿大、澳大利亚、新西兰、新加坡、印度等,其平行表现为语料选取的时间、对象、比例、文本数、文本长度等都几乎是一致的。建库的目的是对不同国家的英语进行对比研究。

又例如:香港理工大学的汉语语料库、香港城市大学的"中文五地区共时语料库"也都是平行语料库,主要研究汉语在不同地区的使用情况和进行对比分析。后者对不同地区采样的媒体、采样时间、内容、版面、字数等也都有严格一致的规定。

另一种平行语料库是在两种或多种语言之间的平行采样和加工。这是语料加工的平行,是文本内的平行。

例如:机器翻译中的双语对齐语料库,两种不同语种的同一内容文本内部平行;法国国家科研中心 CATAB 实验室的"《圣经》语料库",收集了各种不同语种和版本的圣经进行比较研究,多种语言的同一内容文本内部平行。

3. 通用语料库与专用语料库

所谓通用语料库实际上与平衡语料库是从不同角度看问题的结果,或者说是与专用领域对举的结果。

为了某种专门的目的,只采集某一特定领域、特定地区、特定时间、特定类型的语料构成的语料库就是专用语料库。例如:新闻语料库、科技语料库、中小学生语料库、中介语语料库、北京口语语料库等。

实际上我们很难界定什么领域是通用领域,什么样的语料属于通用语料。但是相对于专业术语而言,我们确实可以把在各个领域都使用的非专业术语叫通用词语。所以通常也没有人能建立一个只用通用词语的文本构成的语料库。

一般把抽样时从各个方面仔细考虑了平衡问题的平衡语料库也称为通用语料库。何婷婷（2003）将某国家级语料库称为"现代汉语书面语通用平衡样本语料库"，黄昌宁、李涓子（2002）在描述台湾地区"中研院"的平衡语料库时说："他们的最初目标是要建立含两百万词次的语料库，几年后又将最终目标确定为五百万词次，接近计算语言学界通用语料库的规模。"他们所说的"通用语料库"实际上都是某一种平衡语料库。

4. 共时语料库与历时语料库

4.1 共时语料库

所谓共时语料库是为了对语言进行共时研究而建立的语料库。

按照索绪尔的观点，共时研究是研究大树的横断面所见的细胞和细胞关系，即研究一个共时平面中的元素与元素关系。

汉语共时语料库就是收集典型的共时语料，例如：由香港城市大学建立的中文五地区共时语料库采集中国和新加坡1995—2005年10年内的报纸语料，每4天采选1天的报纸，包括社论、第一版、国际和地方版以及特写和评论等内容。每次各地均采集2万字。无论所采集的语料的时间段有多长，只要是研究一个平面上的元素和元素关系，就是共时研究，建立的语料库就是共时语料库。

又如：北京航空学院的现代汉语词频统计语料库，采样时间从1919—1982年，跨度长达60多年，共分为4个时间段进行采样：1919—1949年、1950—1965年、1966—1976年、1977—1982年，各时间段占不同比例，最后统计出现代汉语词频。时间段的抽样只是一种时间轴的散布，再加上领域轴的散布等，可以使抽样更合理，使频率的科学性得到进一步的调整，但是这个频度表仍然是现代汉语的共时频度表，语料库仍是共时语料库。

4.2 历时语料库

所谓历时语料库是为了对语言进行历时研究而建立的语料库。

按照索绪尔的观点，历时研究是研究大树的纵剖面所见的每个细胞和细胞关系的演变,即研究一个历时切面中的元素与元素关系的演化。索绪尔(1980)指出:"共时语言学研究同一个集体意识所感知的各项同时存在并构成系统的要素间的逻辑关系和心理关系。相反地,历时语言学研究各项不是同一个集体意识所感觉到的相连续要素间的关系,这些要素一个代替一个,彼此间不构成系统。""历时和共时的对立在任何一点上都是显而易见的。"他认为它们是"在方法上和原则上对立的两种语言学"。因为"共时'现象'和历时'现象'毫无共同之处:一个是同时要素间的关系,一个是一个要素在时间上代替了另一个要素,是一种事件"。

根据历时语料库得到的统计结果并不像共时语料库的统计结果那样是一个单一的频次点,而是基于时间轴的等距离抽样,得到的多个频次变化点共同形成的演变曲线,我们称这种曲线为变化的"走势图"。例如:"短信"(2002)和"唐装"(2001)的走势图,见图3.3:

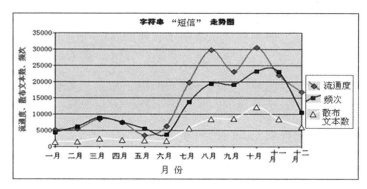

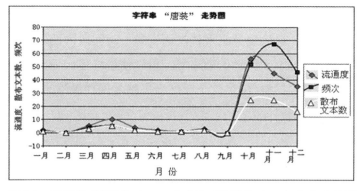

图3.3 字符串"短信"(2002年)和"唐装"(2001年)走势图

当然，只要进行了时间轴的抽样设计，一个共时语料库也可以进行历时的研究；一个历时的语料库，除了获得走势图外，当然也可以获得累计和平均的数据，进行共时的研究分析。这就是历时中包含共时、共时中包含历时的相对时间观。

判断一个语料库是不是历时语料库，有4条基本原则，即：

（1）动态语料库

语料库必须是一个开放的语料库，活语料库。其语料的采集是动态的，其库容量将逐步逼近测量种族语言的信息量。

（2）语料库的文本具有量化的流通度属性

所有语料都来源于大众传媒，都具有采用不同计算方法的与传媒特色相应的流通度属性，且其量化的属性值也是动态的。

（3）语料库的深加工基于动态的加工方法

语料的加工方法也是动态的。随着语料的动态采集，语料也进行动态的加工。语料是历时的，加工也是历时的。

（4）取得动态的加工结果

语料的加工结果也是动态的和历时的。即其量化的统计结果不是一个点，而是由无数量化的点构成的一条线，一条可以观察到历时变化的曲线。

据资料记载,英国科林斯出版社与伯明翰大学合作建立的"COBUILD"语料库、芬兰赫尔辛基历史英语语料库（The Helsinki Corpus of English Texts）、中国国家语委的"现代汉语平衡语料库"以及北京语言大学应用语言学研究所DCC博士研究室的"DCC动态语言知识更新语料库"均被视为动态的或历时的语料库，我们可根据前述标准进行评估。

5. 其他分类

语料库当然还可以按照其他标准来分类。

例如：按照语种可以分为单语种语料库和多语种语料库；按照媒体可以分为单媒体语料库和多媒体语料库；按照地域可以分为国家语料库和国际语料库等，如多国多语种语料库，国际平行语料库等。

三　第三代语料库

1. 什么是第三代语料库

苑春法、黄昌宁等人在1995年著文谈到"第三代语料库"的问题，并且介绍了美国计算语言学学会倡议的数据采集计划。认为这一代语料库首先对所有可以得到的语料以文本形式存储起来，它的容量一般为一亿词次以上，21世纪可望达到万亿词次的量级。该文主要谈及新一代语料库的建设及管理，虽然没有过多探讨语料库建设的理论问题，但实际上已经将下一代语料库的建设提上议事日程。

2. 第三代语料库的特点

语料库的发展已经历了第一代和第二代，目前正向第三代语料库发展。一般认为这种发展主要表现在以下几个方面，具体见表3.1。

时代：20世纪60—70年代到80年代及90年代以来。

语料：从单语种到多语种。

数量：从百万级到千万级再到亿级和万亿级。

加工：从词法级到句法级再到语义和语用级。

文本：从抽样到全文。

表3.1　语料库比较

项目类型	时期	数量	语种	加工深度	文本方式	流通度属性
第一代	20世纪60—70年代	百万级	单语种	词汇级	抽样	无
第二代	20世纪80年代	千万级	有多语种	句法级	全文	无
第三代	20世纪90年代	亿级、万亿级	有多语种	句法、语义	真实文本	无
监控语料库	20世纪90年代中	不限量	有多语种	未建立	真实文本	无
虚拟语料库	20世纪90年代末	不限量	有多语种	未建立	真实文本	无
DCC	20世纪90年代末	不限量	有多语种	词语级（目前）	真实文本	有

3. 国际第三代语料库

（1）美国计算语言学学会倡议的数据采集计划，简称 ACL/DCI。这个项目由美国宾夕法尼亚州立大学的 M. Liberman 主持。

（2）英国伯明翰大学的 Sinclair 主张建立一个监控语料库（monitor corpus）。

（3）1999 年 6 月，比利时的 D. Vervenne 实现了一个协作性知识管理系统（co-operative knowledge management）。

4. 国内第三代语料库

（1）进入 20 世纪 90 年代，获取电子版语料的渠道越来越多（例如：磁盘版、光盘版、网络版等），现代汉语语料库的建设相对越来越容易，语料库的建设向加工的深度发展。这一时期的现代汉语语料库有：清华大学计算机系"现代汉语语料库"，国家"八五"项目，主要收录文学著作和科技文献，第一期 100 万字语料为 1000 个文本，每个文本不少于 1000 字，总库量超过 1000 万字，语料库系统可以自动分词并自动标注词性、短语、句型等。

（2）清华大学中文系"ZW 大型通用汉语语料库系统"分为 0—3 四个级别，0 级为生语料，1—3 级分别为经过自动分词和自动标注词性、短语及句型成分的不同程度的熟语料。到 1994 年 6 月，语料库已经采集 2500 万字，已经对 100 万字的语料进行了句型自动分析和分布统计。

（3）1995—1998 年，清华大学计算机系和北京语言文化大学（现北京语言大学，下同）语言信息处理研究所合作完成国家自然科学基金重点项目"语料库语言学研究的理论、方法和工具"，建立了 8000—1 亿字的现代汉语语料库，拟定一系列的语言标记集，有分词、词性、句法关系等自动标注和辅助校对工具，完成了 200 万字的标注和校对工作。

（4）1992 年，北京语言学院建成了"当代北京口语语料库"，收录 80 年代北京口语录音（378 人）转写语料 170 万字，其中 40 万字进行了分词和词性标记。

（5）1995 年，北京语言学院完成"现代汉语研究语料库"，生语料2000万字,分词和词性标注语料200万字,其中还有部分句法标记。

(6) 1995年,北京语言学院完成"汉语中介语语料库",从来自96个国家和地区的1635位留学生的5774篇语料中抽取740人的1731篇语料,共44218句,1041274字,语料进行了分词和词性标注及一些特殊的语言学标注。

(7) 1995年,北京语言学院完成"现代汉语句型语料库",该项目对400万字的语料进行了句子切分,对34万字的语料进行了句型分类统计的粗加工,对28万字的语料进行了句型分类和句法结构分析的精加工。

(8) 1998年,北京语言文化大学与香港理工大学中文及双语学系建设了"现代汉语语料库"200万字,全部都有分词和词性标记,并有单句及主题标记。

(9) 1990年,新华社等单位完成"现代汉语新闻语料库",采集新华社国内外新闻电讯稿共1.2亿字,语料全部经过自动分词,统计出不同词条156434条,经审定后筛选70030条建立"新闻汉语词库"。

(10) 1990年,山东大学完成"当代汉语流通语料库",采集1985年—1989年的流通语料560万字,语料进行了分词。

(11) 国家语言文字工作委员会在建的"现代汉语平衡语料库"收集了通用语料5000万字以上,选材自1919年至20世纪90年代。此外,在山西大学、上海交通大学、东北大学、厦门大学、中国科学院、中国社会科学院、计算机与微电子发展研究中心等单位都有以不同目的建设的不同规模的现代汉语语料库。

(12) 1998年,北京语言文化大学提出建立动态流通语料库。

(13) 1998年,日本富士通公司与北京大学计算语言研究所合作,建立了6000万字的现代汉语精加工语料库。

(14) 1998年,北京工业大学宋柔教授建立数亿字的现代汉语语料库。

(15) 2000年,微软中国研究院建成17亿字的汉语语料库。

(16) 2000年,北京中文之星软件开发有限公司建成100亿字的现代汉语语料库。

（17）2000年9月，北京语言文化大学启动"基于第三代语料库的通用领域报刊词汇动态词表研究"（教育部项目）。

（18）2000年9月，北京语言文化大学启动"信息技术领域动态流通语料库建设及术语自动提取研究"（校际合作项目）。

（19）2003年1月，北京语言大学、中国新闻技术工作者联合会、中国中文信息学会联合发布基于DCC语料库的"中国报纸十大流行语"。

（20）教育部语信司与北京语言大学联合设立国家语言资源监测与研究中心（平面媒体语言分中心）。

（21）教育部语信司与一些大学联合设立有声媒体语言分中心、网络媒体语言分中心、教育教材语言分中心、海外华语分中心。

肆　语料的自动标记——自动分词

一　自动分词原理

1. 什么是自动分词

1.1 汉语分词（Chinese word segmenting）

从工程观点出发，按照特定的规范，对汉语按分词单位进行划分的过程。

1.2 分词单位（word segmentation unit）

汉语信息处理使用的，具有确定的语义和（或）语法功能的基本单位。

2. 自动分词原理

2.1 主观分词法

又称为"底表法"，是由人事先制定一个大规模的分词底表，然后机器按照底表来进行自动分词。主观圈定的底表中的词，机器可识，底表中没有的词，机器将拒识或者误识。

根据处理方法的不同，"底表法"又可以分为：

（1）最大匹配法——MM 法（the maximum matching method）

最早由苏联研究汉俄翻译的学者提出，是一种按词长递减的搜索方法。

（2）逆向最大匹配法——RMM 法（the reverse maximum matching method）

分词过程与 MM 法相同，但是逆向扫描。

（3）逐词遍历法

将词典中的词，按由长到短的顺序，逐个搜索匹配全部待处理语料。

（4）OM 方法

又称为最佳匹配法。词典中的词依频率大小排列，也有正向和逆向两种扫描方法。

（5）双向扫描法

由 MM 法和 RMM 法结合。

2.2 分词中的遗留问题

（1）未登录词

专有名词

新词

（2）歧义切分

交集型：美国会

多义组合型：白天鹅

2.3 客观分词法

又称"有穷多层列举自动分词法"。

（1）理论基础：词类无穷和词类有穷

有穷词类特点是封闭类、可枚举，而无穷词类是开放类、不胜枚举。现代汉语有双音词数量占绝对优势和单音词覆盖率高的特点。

（2）实现方法

先多层七步

剩余双音节

可以半自动回收新词

（3）遗留问题

与分词中的遗留问题相同

立体词典的建立和维护

二 语料库的标记

1. 文本内的标记

业界通常所说的语料库标记指的就是文本内的标记,文本内的标记是对文本的语言进行标记,如分词标记,因此需要制定分词规范;又如词性标记,因此需要制定词性标记集的规范。长期以来,学术界高度重视这种标记,这不仅是语料库深加工的基础,而且是实现资源共享、避免大规模重复劳动的必要前提和条件。但是信息处理用的标准和规范的推进举步维艰,目前主要制定的是分词规范和词性标记规范。

2. 文本外的标记

文本外的标记指的是对文本本身进行的标记,例如:文本的作者、出处、分类等有关的属性信息。与"作者"有关的信息可能包括姓名、笔名、生卒年月、籍贯、性别等;与"出处"有关的信息可能包括媒体、出版社、版次、印数、发行日期等;与"分类"有关的属性可能包括学科分类、语体分类、体裁分类、题材分类等。国家现代汉语语料库在建立时拟定了 25 种基本的文本属性作为标记。一些特殊性质的语料库还要有另外的属性,例如:北京语言大学建立的"汉语中介语语料库",采集的留学生语料还包括学生国别、母语背景、学习年限、使用教材等信息。

我们认为,"大规模"真实文本指的是文本和语料在数量上要达到一定规模,并覆盖较广泛的领域,所谓覆盖是指语料和文本在各个不同领域的分布或散布。这些不同领域通常是指由时间轴(反映时代特征)、空间轴(反映地域特征)、学科轴(反映知识特征)、风格轴(反映语体特征)构成的四维模型,语料库中的任何一个文本都可以标记出这四方面的特征。文本也还要有其他方面的特征,如作者、版本、出版者等,这种对于文本本身特征的标记可以叫文本标记,准确地说是文本外标记,见图 4.1。带有各种特征标记的文本集合就是文本的有序集合,研究者可以随意提取各类不同文本的集合或交集、并集来进行研究。这样,我们就可以做到资源共享,由一个母语料库生成各种子语料库。可惜对于文本外的标记虽然都有关注,但是这类标记的规范研制至今还没有提上议事日程。

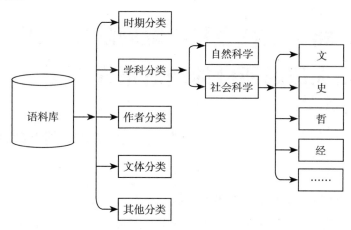

图 4.1 语料库的文本外标记

伍 给中国社会科学院副院长江蓝生的重大课题所做的调研报告（其一）

——计算语言学调研报告

1. 学科"十五"期间重要成果和进展

"十五"期间，国内计算语言学取得了许多重要的成果和进展，是汉语计算语言学的重要发展时期，是在国家"七五""八五""九五"迅速推进的基础之上，进入稳扎稳打、建牢根基、推进规范、动态更新的阶段，可以说是国内，特别是汉语计算语言学在自然语言理解方面正在重新蓄势，酝酿新的重大突破的时期。这些成果表现在：

1.1 语料库的建设与发展

（1）大规模真实文本语料库的发展

自从20世纪90年代国际计算语言学界发生向大规模真实文本的战略转移之后，国内大规模真实文本的建设亦迅速跟进，改变了过去只研究典范的白话文著作的统一认识和部署。"十五"期间有若干语料库迅速推进到亿级水平，北京大学、清华大学、中国科学院自动化所、教育部语用所、北京语言大学、香港城市大学等都达到亿级、十亿级、十五亿级的水平。一些生语料库甚至声称有数十亿、上百亿的语料在处理。

（2）平衡语料库的发展

国家语委"现代汉语平衡语料库"、中国台湾地区"中研院"平衡语料库、北京语言大学"现代汉语研究语料库"都是较大规模的平衡语料库；"十五"期间，国家语委的语料库将达到7000万字分词和词性标注，1000万字树库建设，同时进行语义标注。语义级的标注，是继分词和词性标注长期停滞之后，语料库向深加工突破的一次新尝试。

（3）语料库的应用

语料库已经从建设阶段走向应用阶段。一些语料库直接服务于或立项于应用研究项目："口语翻译导向的高性能语音识别和理解的研究"（中国科学院自动化研究所）、"汉语自然口语对话的理论和实验平台研究"（中国科学院声学所）、"面向大规模真实文本的汉语计算理论、方法和工具"（清华大学）、"智能信息获取的理论、方法及其在网上的应用"（清华大学）、"文本挖掘与知识检索"（中国科学院计算所），这些项目都得到语料库的支持，并都立项在中国科学院首席科学家王珏的"图像、语音、自然语言理解与知识发掘"国家重点基础研究发展规划（"973"计划）大课题之下。

此外，在传统的语言研究和应用方面，如支持词典编纂（新词新语词典）、语言教学特别是对外汉语教学和远程教学（如中介语语料库及研究）、网络舆情监控（如 HNC 的立场辨别）、流行语发布、字母词语测查等方面，语料库都已经走向应用。

（4）动态流通语料库与国家语言资源中心

语料库的建设已经从共时语料库走向历时语料库，对于语言的统计分析从静态走向动态，关注社会语言学、传媒语言学、认知语言学、语言控制论的引入。站在信息社会的高度，开始提出"国家语言资源"的概念，启动"国家语言资源监测与研究中心"建设，起草《国家语言资源监测与管理条例》，为依法对国家语言资源进行监测与研究清障，也为语料库的资源共享、资源重组铺平道路。新的理念引入语料库的开发与应用。

1.2 信息处理用语言文字标准与规范的推进

"十五"期间，信息处理用语言文字标准和规范的制定、颁布受到充分重视，语言文字应用"十五"科研项目共立项109项，其中资助项目93项，自筹资金项目16项，重点项目18项，标准研制类项目27项。对于推动汉语信息处理十分关键的《信息处理用现代汉语通用词表》《信息处理用现代汉语词类标记规范》等，都在这一时期制定或推出。

1.3 语音识别与语音合成技术的基础研究

由于语音输入、语音打字、口语机器翻译、语音教学课件以及在手机和 PDA 上的语音需求，语音识别和语音合成、口语语料库的建设都得到发展。"十五"期间，"基于口语语料库的语音研究及音段和韵律自动标注""对语篇语料库的语音标注和研究""电话信道的自然语音语言辨识技术研究""口语翻译导向的高性能语音识别和理解的研究""汉语自然口语对话的理论和实验平台研究"等都得到立项。

1.4 基于语料库的语言研究

国家社科基金"十五"重大项目"信息处理用现代汉语词汇研究"，是这一时期基于语料库的语言研究动用人力最多、耗费资金最多、取得成果最多的项目。其他还有"汉语名词短语自动划界的句法和语义研究""普通话叙述句基频（F0）的构建与语调研究""中文词语信息结构关系的自动辨识""面向信息处理的现代汉语元语言系统研究"等。

1.5 网络语言信息处理研究

随着网络信息的增加、教育技术与语言教学的结合，网络语言信息处理的研究也相对受到重视。"智能信息获取的理论、方法及其在网上的应用""基于 Internet 的对外汉语教学研究""语料库技术与网络多媒体在外语教学中的开发应用""信息处理与对外汉语教学的句子语序模式"都是这一类的课题。

1.6 少数民族语言、外国语言、多语种信息处理研究

（1）少数民族语言信息处理受到重视

"十五"期间少数民族语言的信息处理受到重视，其中蒙古语、藏语、维吾尔语的立项较多，发展较快。"蒙古语术语规范化标准化问题研究""对蒙古语语料库的短语标注""信息处理用藏语分词研究""面向信息处理的蒙古语语义研究"等都在这一时期立项。

（2）外国语言计算语言学研究

外国语言，主要是英语、俄语、日语的语言信息处理研究受到重视。

伍　给中国社会科学院副院长江蓝生的重大课题所做的调研报告（其一）　35

包括双语对照语料库的建设和多语种的信息处理研究。

除此之外，"十五"期间计算语言学的发展还有以下几点进展：

1.7 一批中青年计算语言学家成长起来

随着老一代计算语言学学科带头人的逐步退休，一批中青年计算语言学骨干力量成长起来，在国内外崭露头角。如：《中文信息处理若干重要问题》（科学出版社，2003）的三位主编徐波（中国科学院自动化所）、孙茂松（清华大学）、靳光瑾（教育部语言文字应用研究所），其他还有白硕（中国科学院计算所）、赵军（中国科学院自动化所）、孙斌（北京大学）、詹卫东（北京大学）、袁毓林（北京大学）、周强（清华大学）、陈小荷（南京师范大学）、周洪波（商务印书馆）、苏新春（厦门大学）、杨尔弘（山西大学）、荀恩东（北京语言大学）、徐娟（北京语言大学）、邢红兵（北京语言大学）等等，这些中青年的学者，大多是博士、博士生导师，甚至是学科带头人，他们具有交叉知识结构和计算语言学的研究经验，正蓄势待发。

1.8 计算语言学的科研项目出现整合

"十五"的计算语言学的科研项目出现整合的良好趋势。在国家社会科学基金项目和国家自然科学基金项目、国家高技术研究发展计划（"863"计划）、国家重点基础研究发展计划（"973"计划）之间分工协作，并整合推出举措。例如：国家社科基金"十五"重大项目"信息处理用现代汉语词汇研究"的一项子课题"信息处理用现代汉语词类标记规范"被纳入了"智能化中文信息处理平台（2001AA114040）"［国家高技术研究发展计划（"863"计划）］课题的子课题"语料库规范标准研究"之中，加大了该规范制定的力度。2002年6月完成《信息处理用现代汉语词类标记规范（征求意见稿）》，向政府主管部门教育部语言文字信息管理司提交。这种打破部门、学科、文理界限，联合立项，合力攻关的事例，是科技攻关项目的新气象，值得发扬光大。

1.9 汉语计算语言学的评测研究出现回归的趋势

语言信息处理的评测研究和评测活动，是计算语言学发展的强大推动力。"中国语言资源联盟"由中国科学院自动化所倡导，其建设借鉴美国的 LDC（Linguistic Data Consortium）。LDC 由 ARPA（Advanced Research Projects Agency）和美国国家自然科学基金资助，宾夕法尼亚州立大学主持，已经有 100 多所大学、公司和政府部门加盟，有各种语言资源 220 种，有英、德、法、西、中、日、阿等语言，已经向 700 多个单位发行了语言资源。他们每年举行评测，以推动信息检索等方面的研究。中国也参加了美国的评测，"十五"期间，复旦大学、清华大学等都有中文项目在美国的评测活动中夺魁或取得较好成绩。

但是中文检索的比赛在美国举行，中文文本的选定由美国决定，这毕竟不是每个人都能接受的。由"863"计划立项、中科院计算所牵头的中文自动分词和词性标注的评测项目"十五"期间已经进行了多次，拉动中文信息处理的评测开始出现回归中国的趋势，国家语言资源监测与研究中心的成立，也为这种回归增加了潜在的力度和强度。

2. 存在的问题

目前还有一些底层词汇问题影响汉语信息处理的推进，需要深入研究以取得突破，如词汇兼类问题、多义词的语用环境问题、汉语虚词问题、汉语固定短语问题、字母词语问题、数字词语问题、基本术语问题、基本词汇问题、新词新语新义问题、方言词汇问题、文言词汇问题等。除此以外，现存问题还包括以下几个方面：

2.1 一些基础研究缺乏经费支持

单独的基础研究很难得到经费支持，常常在应用课题之下列为子项。国家支持基础研究的项目，也常常需要挂上应用项目的牌子才能得到支持，这就使得实际上需要大量经费和时间支持的基础研究项目得不到有力的经费支持和时间支持，总是匆忙被应用项目牵着鼻子走。

2.2 一些优秀人才和成果流失到国外或外企

国家社会科学基金、国家自然科学基金、"863"计划、"973"计划支持的科研项目，其科研成果和培养的优秀人才，往往流失到国外或外企，没能和大型国企或私企的发展结合。我们在国家投入之后的知识产权保护和商品化开发与应用方面还缺乏强有力的成果保护、人才保护、奖惩条例等实际措施和监管。一些大型国企缺乏长远语言信息处理研发计划，不设或缩减汉语信息处理的研发机构，无法与积极在华设立中国研究院或亚洲研究院的微软、IBM、富士通等外企抗衡。

2.3 大规模低水平重复立项和重复劳动

由于资源不能共享，国家级、部委级、省市级、院所级的各种不同性质、级别、数量的汉语语料库设立了不少，但是多数的加工都是自动分词和词性标注，极少有做到建立"树库"或尝试义项标注，基本上是"别人能做的我也能做，别人做不到的我也做不到"。由于拿到科研项目的等级、经费多少与评价学校水平、申请硕士博士点、晋升职称等多种活动挂钩，在项目申请中，一些单位不顾条件、不靠水平、不择手段，不正之风时有发生；科学研究存在重立项轻管理、重吹嘘轻落实、重鉴定轻推广、重人治轻法制的现象。

2.4 一些科研项目的立项缺乏统一考虑

计算语言学与语言工程的结合十分密切，关系国家信息产业的自主知识产权和可持续发展，所以需要区别轻重缓急，总体运筹，把资金分期投入宏观规划的具体目标中，让有限的资金得到最大利用。计算语言学又涉及多种学科交叉，最好集中一批高层次学术顾问（包括已经退休和在任的），设立项目以进行计算语言学和语言信息处理的战略研究和国家投资研究，整合国家社会科学基金、国家自然科学基金、"863"计划、"973"计划等重点项目的投入，使得分散的经费、人力、机构、学科、研究，得到整体的凝聚、整合和强化，这或许能够开辟出一条具有中国特色的多学科交叉领域研究的道路，其优劣尚需进一步观察和总结。

2.5 个别科研项目超过立项周期没有鉴定或验收

国家"十五"甚至"九五""八五"期间的立项项目有的还没有正式验收或鉴定，这些需要逐步检查、验收、上网、公示、处理、奖励、惩罚。应从根本上杜绝因人设项的现象，避免出现"国家的钱不拿白不拿，拿了也白拿"的浪费现象。

2.6 基础研究仍是薄弱环节

基础研究不扎实，犹如根基不牢。很多人的研究愿意提出模型、算法，但是缺少实用的词典、语义系统、语法规则和完备的语言知识体系。因此，句法分析和篇章理解难以深入，导致需要基于理解的应用（如机器翻译、搜索引擎、信息提取、知识挖掘等）缺乏深厚的基础，项目质量难以提高。

2.7 语义体系需要进一步深入

语义体系已经在"九五""十五"期间得到一定支持，取得几项较大成果，但在术语语义体系、隐喻义、新词新义、固定短语义等方面的研究还需要加强。

2.8 动态流通语料库的建设与监测需要支持

动态流通语料库是比传统的静态平衡语料库大得多的语言工程，"十五"末期才得到启动性投入，但这是关系到语言的监测和新词、新语、新义动态更新的底层工程和重大资源建设，关系到语料库的资源共享、动态生成的根本性建设，希望继续得到支持。

2.9 法律法规需要完善

除了标准和规范的制定阻碍了语言资源的共享外，语料库的建设和语料库的著作权、版权不能得到著作权法的保护是根本问题。语料库中的文本是受著作权法保护的，现在迫切需要推出《国家语言资源监测与管理条例》，以便依法对国家语言资源实行监测，此种立法的推出与颁布涉及多个国家主管部门和已经颁布的相关法律法规，有相当大难度，但是不逾越此障碍，语言信息处理就难以资源共享。

3. 学科"十一五"期间的发展趋势、研究的重要领域

3.1 发展趋势

计算语言学的发展，汉语信息处理的发展，随着网络应用的普及、手机短信和手机上网力度的加大、汉语信息处理特殊性问题的不断突破、与国际的接轨越来越紧密，汉语信息处理的水平和信息处理量与国际水平越来越接近，汉语信息处理的商业利润将会得到跨越式发展及提高。

由于应用领域的机器翻译、网络检索、信息提取、信息过滤、知识挖掘、远程教育、网络出版等推动，术语、新词新语新义、兼类词、字

母词、数字词、多义词、基本词汇、固定短语、指代、隐喻等词汇级问题和语法级问题将成为下一批研究热点。

由于商业利益凸显，中国的大型国企将增加投入，外资企业也将涉足，随着中国改革的深入，已经存在的计算语言学成果和人才的争夺将进一步加剧和复杂化。

3.2 研究的重要领域

发展趋势决定以下几个方面将成为"十一五"期间计算语言学或语言信息处理研究的重要领域：

（1）网络语言信息处理

由于网络的迅速发展，对网络语言信息的处理必然加大力度，网页的管理、信息提取、过滤等，网页和文本的分类都是第一关，因此术语的基础研究势必走红。

（2）有声语言信息处理

手机上网与手机短信等功能的开发，远程语言教学和网络学习的发展，要求和刺激有声语言信息处理的进步，语音识别与合成技术会不断得到应用和展现出新问题。

（3）对外汉语教学的现代教育技术

随着中国的和平发展和经济的持续、跨越式前进，经济强国带动的强势语言发展的需要日益突出，对外汉语教学和华人地区的华文教学都要求得到现代教育技术的支持，信息化、数字化的支持。

（4）新词新语新义

由于人类科学技术以加速度的方式发展，目前新词新语新义的发展超过历史上任何一个语言的大发展转型期，而且不可逆转。所以对大规模真实文本的处理面临着日益加大的新词新语新义的压力，其中绝大部分是术语，一些术语又迅速进入通用领域。

3.3 重点课题

（1）国家语言资源监测与研究中心建设（包括汉语和少数民族语言）及相关的法律法规

"国家语言资源监测与研究中心"是"十五"后期才得到语委和教

育部支持的重要项目,刚刚启动。但该项目已经迅速起草了《国家语言资源监测与管理条例》及相关《实施细则》。由于没有相关的法律法规作为参照,因此该项目举步维艰,需要得到国家社会科学、国家自然科学等重要基金的支持。

(2)语言信息处理评测研究

语言信息处理的基础研究和应用研究都需要语言信息处理评测的拉动,这已经为国际计算语言学的发展所证实。中国已经参加美国举行的中文评测并取得较好成绩。而汉语信息处理评测的研究则需要国家语言资源中心的权威语料的支持。这是与美国等争夺汉语信息处理话语权的关键竞争点。

(3)新词新语新义研究

新词新语新义研究,是信息处理的需要,尤其是网络语言信息处理的需要,某些领域的新术语日新月异,包括信息、生命科学、农业、医学、新闻等在内的多个领域。信息提取、知识挖掘、文本分类、机器翻译、话题识别与跟踪等应用系统,都越来越需要解决新词新语新义问题。

(4)基于动态流通语料库的语言研究

基于动态流通语料库的语言研究,对于语言本体、语言教学、语言信息处理都是极为必要的。动态流通语料库对语言的历时观察、统计、分析,与静态语料库的共时观察、统计、分析不同,既可以观察历时变化的部分(产生、发展、消亡),也可以观察历久不变的部分,如:基本词汇、传承词汇、通用词汇、固定词组等。

此类课题可由"国家语言资源监测与研究中心"学术委员会统一规划,并由该中心提供研究资源和条件,逐步申请社科基金、自然科学基金等批准立项,进而在全国范围内乃至国际上公开招标。

(5)语音识别与合成的研究与应用(包括汉语、少数民族语言和大语种外语)

① 动态有声媒体国家语言资源中心建设

目前已经建立的国家语言资源监测与研究中心是平面媒体部分,"十一五"期间需要加大有声媒体的国家语言资源建设。

② 在机器翻译中的应用

为面向应用，应该加大为语音机器翻译服务的语音分析与合成的基础研究。从语音识别、语音合成的应用需求看，既需要进一步解决共性问题，也需要进一步解决个性问题。

③ 在语音教学中的应用

语音识别与合成研究的另一个较大的应用需求就是语言教学中的语音教学需求。既有对外汉语教学的需求，也有海外华人子弟的汉语教学、民族地区语文教学以及推广普通话的需要。

④ 在手机通信、网络通信中的应用

这方面的应用有巨大的经济效益，可以吸引企业界的投资，来有目的地立项、研究和开发。

（6）基于大规模真实文本语料库的、面向对外汉语教学的语言本体研究

多媒体课件和网络课件制作、教学平台开发、管理平台开发由国家汉办的经费支持，而面向对外汉语教学的语言本体研究，并且是基于大规模真实文本语料库的动态或静态的统计分析的基础研究课题，可以在国家社科基金下立项。

陆　汉字编码研究总论

20世纪中叶，一个巨大的难题历史性地落在了当代中国人的肩上，同时引起了全世界高科技领域，特别是信息处理界专家们的极大兴趣和强烈关注，这就是世界上唯一仍在通行并且使用人口最多的最古老的汉字能否进入计算机并进行信息处理的问题。

这个题目曾经是一个"科学的梦"。从20世纪50年代以来，国际国内的许多科学工作者，为了把这个"科学的梦"变成光辉的现实，曾经呕心沥血，努力了20多年，但是始终未能尽如人意。不解决这个问题，作为世界上13种通行度最高的文字之一的汉字为现代化服务便是一句空话。

正是为了这个"科学的梦"，无数的科学家放弃了自己的本职工作，开始转而研究汉字编码，他们觉得为了国家、为了民族、为了子孙万代能够步入信息社会而献身，就是自己的本职，自己的天职！为了这个"科学的梦"，无数普通的中国人成了汉字编码和汉字键盘输入系统的研究专家；为了这个"科学的梦"，为了中国尽早进入信息社会，许多跨学科的专家、学者肩负着沉重的历史使命，进行了多方面的探索和研究。经过多年的实践，大家发现利用汉字字形、字音方面的信息特征实现键盘输入是可行的。他们潜心钻研，如醉如迷、如痴如狂，执着于"汉字编码事业"。一时间各种汉字编码方案此呼彼应，发明迭起，百花齐放，色彩纷呈。通过编码，汉字已经能进入计算机了！

这种情况被比喻为历史上的"编码现象"，"造福于子孙万代"，成功的编码方案被称为"重大突破""中国的第五大发明"，方案的作者被誉为攻克了"汉字的哥德巴赫猜想"，是"当今的仓颉"。这些都足以说明，汉字编码是怎样震惊国人、震惊世界的。

汉字进入计算机，使汉字信息处理技术从无到有，使全球华人在文本传输方面告别了铅与火，走上了光与电的新时代。这不仅解决了一个学术问题，而且还联系着种种实用技术，联系着国家的信息化和现代化，联系着巨大的经济效益，联系着国际上经济、技术、文化、政治的竞争。今天，语言文字的信息处理水平和处理量，已成为衡量一个国家是否进入信息社会的重要标准之一，汉字键盘输入技术为中国进入信息化时代打开了大门。

30年来，汉字编码输入方法研究经历了单字处理、字词处理、字词句处理、汉字键盘输入平台以及汉字数字编码与数字键盘输入等技术演进阶段。汉字键盘输入方法经过大键盘、中键盘和标准小键盘的探索，最终确立了以标准键盘和数字键盘为基础的发展道路。汉字键盘输入系统逐渐形成了自己的理论体系，深入了对字、词特征信息的研究，建立了不同层次的开发环境，软件系统逐渐向实用化、智能化方向发展，取得了一系列理论与技术的重大突破和具有自主知识产权的原创性科技成果，出现了数以千计的设计方案和为数众多的能上机运行的使用系统。下面让我们简要回顾一下汉字键盘编码输入技术发展的光辉历程和一些可歌可泣的重大事件。

一　汉字的单字处理

汉字是一种方块文字，它具有形、音、义等基本特征信息。利用汉字的字形类特征信息（字形、笔画、笔顺、笔画数、笔画组合、部件和汉字结构等）、字音类特征信息（声母、韵母、声调等）、字义类特征信息（非词义），对汉字进行编码和键盘输入技术处理，称为汉字的单字处理或汉字的单字处理阶段。

1. 早期的汉字编码研究

已知的最早的汉字编码，始于20世纪50年代的俄汉机器翻译，当时只能用电报码或四角号码充作汉字编码。但如何使数量庞大、结构复杂的汉字进入计算机,则成为困扰中华儿女的重大难题,也激起了众多科学家为之进行艰苦不懈的奋斗。

早在20世纪50年代,钱文浩先生就开始从信息论的角度研究汉字,并计算汉字熵值。60年代,戴着"反动学术权威"帽子的支秉彝先生,在"牛棚"的茶杯盖上完成了"见字识码"方案的设计和码本编制。1978年7月19日,上海《文汇报》以几乎整版的篇幅,在第一版以醒目的大标题《汉字进入了计算机》,报道了支秉彝先生的汉字编码方案和事迹。这是汉字编码研究首次公开见报,从此拉开了"编码现象"轰动效应的序幕,吸引了越来越多的人(不论是专家还是普通的中国人)卷入汉字与电脑激烈碰撞的潮流中,一发而不可收拾。

1978年12月,张其浚、支秉彝、刘涌泉、李一华、刘源、扶良文、倪光南等汉字编码研究的先驱者聚会在青岛,召开了我国首次"汉字编码研究会"。会后,科学技术文献出版社出版了《汉字编码方案汇编》,这是我国第一本汉字编码方案的专著。

1979年夏,第一个中文信息处理研讨班在长春开班,张普、黄宪东、张国防、王锡龙等人参加,进行了两个月的汉字基础理论和编码方案研究,其成果分别在《语文现代化》杂志连载。

这一时期,汉字编码几乎均由个人推出,手工制卡编码,码本字集自选(2000、4000、7000字)不等。专家们认识到,亟须对汉字的音、形、义进行理论基础的研究和基于统计的定量分析,加强标准化工作和汉字处理软件及系统的开发,使汉字编码研究和应用跃上一个新的台阶。

2. 汉字基础理论研究

2.1 汉字频度、字根频度等统计与分析

1974年8月,我国第一个汉字信息处理工程——著名的"748"工程上马,开始了汉字印刷领域的一场革命。为了科学地解决汉字字集问题,北京新华印刷厂于1977年动员了19个单位,历时2年,统计了2100余万字的资料,事后在内部印刷了第一本《汉字频度表》。

1980年，经过对搜集到的《汉字频度表》和其他一系列字表的分析统计，制定了我国汉字信息处理的第一个国家标准——《信息交换用汉字编码字符集 基本集》（GB 2312-80）。该标准共收汉字6763个，其中，第一级汉字3755个，第二级汉字3008个。从此，汉字编码研究、汉字编码码本、汉字字形库、汉字点阵生成等在字量方面均以6763字为准。

1981年，在支秉彝等人的努力下，在中国仪器仪表学会之下成立了汉字信息处理系统研究会，选举支秉彝为理事长。稍后，在钱伟长、李金铠、甄健民等人的努力，在中国科学技术协会支持下，成立了中国中文信息研究会（后更名为"中国中文信息学会"），选举钱伟长为理事长。两个学会之下，根据当时中文信息处理事业的发展需要，分别设立了专业委员会和专业学组，如汉字编码专业委员会、基础理论专业委员会、系统专业委员会、设备专业委员会等。在两个学会特别是一直活跃至今的中国中文信息学会的推动下，汉字键盘输入技术进入了全面大发展的时期，基础理论的研究受到高度重视，一大批基础研究成果陆续在80年代前、中期推出。

1981年以前，盛柬等人分别公布了汉语音节、声母、韵母、声调、字母的频度统计结果。

1981年，武汉大学、复旦大学等首先公布了《新华字典》字集范围内的字根频度统计结果。稍后，在郑易里先生指导下，王永民公布了字根统计分析结果。郑易里先生毕生致力于汉字字根的分析研究，其成果成为后来字根类编码的重要依据和基础之一。

1984年，国家文字改革委员会（后更名为"国家语言文字工作委员会"，简称"国家语委"）与武汉大学公布了在《辞海》范围内汉字笔画、部件、结构的动态分析统计结果，为当年统计字数最多。

1985年，国家语委与山西大学公布了人名姓氏用字的抽样统计分析结果。

1986年，北京航空学院、新华社技术研究所分别公布了基于大型语料库的汉字频度统计。

与此同时，钱文浩、陈文熙、王世宁等人开展了对汉字熵值的研究、计算和论争。

与上述基础理论研究工作相关的两项重要语言工程项目：汉语语料库和汉字属性库建设也取得了重大进展。

2.2 汉语语料库建设

1989年，清华大学黄昌宁教授提出，要在语料库语言学的理论指导下建立大型汉语语料库，语料库的建设开始走上更加科学化、规范化的道路。武汉大学、上海交通大学、山西大学、中国人民大学、北京语言学院、北京师范大学、深圳大学、北京航空航天大学、新华社技术研究所等，陆续推出了规模越来越大、理论越来越深入的汉语语料库。汉语语料库的研究和建立，不仅有力推动了汉字键盘输入技术的发展，而且对整个中文信息处理事业的发展产生了全面而深远的影响。目前，有关机构正在建议对国家级超大规模的汉语语料库研究进行立项。

2.3 汉字属性库建设

上海交通大学、北京图书馆、国家语言文字工作委员会陆续推出规模越来越大、属性越来越全、数据越来越精确的大型汉字属性库，其中包括字音、字形、字义及有关的各种代码等全面的属性，既包括静态属性，也包括动态属性。属性库不仅为汉字编码技术研究提供了理论基础，也为汉字编码研究由人工编码发展到计算机辅助编码设计、汉字自动排序等提供了依据。

3. 汉字信息处理的标准化工作

随着汉字基础理论研究工作的深入展开和汉字编码键盘输入技术的不断发展，汉字信息处理的标准化工作引起了有关部门的高度重视。在国务院电子振兴领导小组办公室、机械电子工业部、国家技术监督局和国家语言文字工作委员会的支持和推动下，有关汉字信息处理的一系列国家标准和规范开始研究、制定和颁布。

例如：

GB/T 1988-1998《信息技术　信息交换用七位编码字符集》

GB 2312-80《信息交换用汉字编码字符集 基本集》
GB 5007.1-85《信息交换用汉字 24×24 点阵字模集》
GB 5007.2-85《信息交换用汉字 24×24 点阵字模数据集》
GB 5199.1-85《信息交换用汉字 15×16 点阵字模集》
GB 5199.2-85《信息交换用汉字 15×16 点阵字模数据集》
GB 6345.1-86《信息交换用汉字 32×32 点阵字模集》
GB 6345.2-86《信息交换用汉字 32×32 点阵字模数据集》

后来又陆续制定和颁布了《信息交换用汉字编码字符集》的若干"辅助集"、更高点阵及楷书以外字体的系列汉字"字模集"和"字模数据集",以及"汉字内部码",《信息技术 通用多八位编码字符集》《通用键盘汉字编码输入方法评测规则》等有关标准。另外,《汉语拼音方案的通用键盘表示规范》《汉语拼音方案的声韵双拼通用键盘表示规范》《全汉字字库》等有关标准和《信息处理用 GB13000.1 字符集汉字部件规范》等也开展了研究。这些有关标准、规范的研究和制定颁布,一方面繁荣了汉字编码和键盘输入技术的研究,另一方面也将这一研究引入标准化、规范化的道路,具有不可低估的历史作用。今后,这方面的工作应进一步强化,加快标准的研制和颁布工作,加大标准的宣传和推行力度。

姚世全、傅永和、陈耀星、王之燧、石云程、陶沙、张轴材、程女范、华绍和、黄宪东、鲁元魁、张普等人为这些标准的研制和颁布做了大量工作。

4. 汉字键盘输入方法如雨后春笋

即使有了较好的理论基础和有关的标准规范,汉字编码方案也只是纸上谈兵,必须配以相应的输入软件,实时在计算机上输入汉字,才能称为汉字键盘输入方法。20 世纪 70 年代末至 80 年代初期,大规模集成电路和计算机硬件支撑环境的技术进步、汉化操作系统和系统软件汉化技术的突破,为汉字键盘输入方法的突破奠定了另一方面的基础条件。这一时期,汉字键盘输入方法如雨后春笋般涌现,出现了"万码奔腾"的局面,其中许多方法都在计算机上得到实现,并在社会应用中取得极大的经济效益和社会效益，为在中华大地普及计算机应用和信息化建设作出了不朽的贡献。

1981年春，李金铠第一个召开了"笔形输入法"鉴定会，并申报国内外发明专利。1983年，王永民的"五笔字型输入法"通过技术鉴定，并申报了国内外发明专利。从此，各种汉字键盘输入方法的鉴定层出不穷，申报的国家发明专利数以几百计。早期具有代表性的汉字键盘输入方法还有：支秉彝的"见字识码输入法"、钱伟长的"宏观字形输入法"、扶良文的"金奖智能码输入法"、郭淑珍的"声韵智能码输入法"等一些有影响的键盘输入方法。

1986年3月，由国家科委、国务院电子振兴领导小组办公室、国家标准局和中国中文信息学会等部门，共同组织了第一届汉字输入方案评测会。当时，参加评测的方案有51个，从中评出优秀的A类方案11个，包括：

大众码（陈代宇），五十字元码（张国防），声数码（唐懋宽），宏观字形码（钱伟长），层次四角码（陈国斌），前三末一码（万仁芳等），部形编码（刘书泽），笔形编码（李金铠），联合45-3码（45-3攻关组），CK码（欧阳松），JDL无间隔码（李公宜）。

1987年底，汉字键盘输入方法首次列入国家"七五"重点科技攻关项目，由时任中文信息学会理事长陈力为教授任总顾问、张普为课题负责人组织实施，李慧勤、刘基仁担任软件设计。1990年，"PJS普及型中文输入系统"（由PJY拼音—汉语变换系统、PJX拼形—汉语变换系统、PJYH英汉变换系统等组成）通过机械电子工业部鉴定，专家认为该系统具有智能化特色，在技术上处于国内外领先地位。这是首次在汉字键盘输入方法中引进"智能化"的新概念。

1991年，"PJS"的姐妹版本"TLS普及型中文输入系统"亦通过技术、产品鉴定。同年邮电部发布新闻，向全国通讯网推荐使用五笔字型、PJY拼音—汉语变换系统和声韵声声三种汉字键盘输入方法。1991年8月，新加坡教育部招标，指定PJS3.0为新加坡教育系统首选中文系统，改名为"Views普及系统"。

至此，汉字与电脑第一次碰撞的轰动效应差不多完成，汉字进入计算机已不再是神话，汉字键盘输入方法有无的问题基本解决。上述一些输入方法中，有的已经向字词处理推进，有的已向智能化迈进，汉字键盘输入方法的研究重心开始从研究编码方案转入研究字词处理和智能化输入软件，至少是方案与软件并重。这是汉字键盘输入技术的第一次重大战略转移，它意味着由开发"人脑"转向开发电脑，或者转向开发"电脑—人脑"。

二 汉字编码的字词处理

汉字键盘输入从单字处理进入字词处理，既是技术上的进步，也是编码观念的转变。

20世纪80年代初期以前，人们之所以专注于汉字单字处理的技术解决方案，是为了揭开汉字能否进入计算机之谜，解决汉字输入方法的有无问题，这是那时的当务之急。同时，这也是解决词处理技术的前提和基础。没有字，何谈词？但字处理技术突破之后，向词处理技术推进，就成为必然了。计算机软硬件技术的快速发展，也为词处理技术的突破提供了环境。

1. 汉字编码词处理的地位

1983年，中国中文信息学会汉字编码专业委员会成立暨学术论坛会上，在交流的数十种编码方案中，只有陈培基等三人提出词汇码方案，形孤影单。80年代中期以后，词处理技术的研究形成势头。到80年代末期，词处理技术已在许多方面取得突破。今天，不具备词处理技术的汉字键盘输入方法已经没有了。词处理技术的突破，使下述问题的解决成为可能。

1.1 分化"重码"，提高输入速度

汉字单字处理会出现许多重码，为了解决重码问题，早期的编码方案普遍采用了增加许多特殊编码规则等办法，因此使这些方法难学、难记，而且影响输入速度。尤其是音码方法，因受汉语同音字太多的限制，有的音节在6763字范围内同音字就多达100多个，更不必说字符集进一步扩大后了，即使采用"显示选择""高频先见"等技术，也难以分化重码、提高录入速度，从而给用户带来极大不便。但词库建立之后，采用分词连写方式键入、用"以词定字"等技术，使大量重码字或同音字得以区分。

1.2 缩短平均码长，进一步提高输入效率

词（语）码的出现，不但可以解决重码问题、降低输入的错误率，而且可以缩短输入的平均码长。例如：多数汉字编码方法，以单字处理时，平均码长一般为5键（包括空格键），而以字词处理时，平均码长一般为2键（包括空格键），最短的已达1.6键，从而大大提高了汉字的键盘输入速度。如果在此基础上设计"词联想功能"，则可进一步缩短动态输入的平均码长，提高汉字输入速度。这就为创造每分钟200字以上记录准备了条件，使汉字输入速度高于英文输入速度成为可能。

1.3 为汉语自然语言理解、机器翻译、全文检索等奠定基础

词处理技术的突破，使得为汉字编码输入方法设计"自动分词功能"，并自动生成新的词语、自动记忆新词语成为可能；为输入方法设计"基于理解的句转换功能"，为汉字编码输入进入句处理阶段奠定了基础。同时，词处理技术也是自然语言理解、机器翻译、自动文摘、全文检索和汉语人机接口等高难课题研究的基础和前提。

但是，词处理技术的出现和进步，并不意味着字处理技术的消亡，而是字词处理并重，使汉字编码键盘输入方法开始进入以"字为基础、词为主导"的高级处理阶段。

2. 字词处理的基础和突破

为了进一步解决汉字键盘输入技术的易学易用等实用化问题，推进汉字键盘编码技术从单字处理向字词处理发展，必须加强对汉语的词频统计、分词规范、自动分词以及通用词库等的基础研究，并在理论和实践方面取得实质性突破。

2.1 汉语词频统计工作

1985 年，北京语言学院、北京师范大学分别召开在语料库基础上的词频统计结果鉴定会，1986 年，北京语言学院出版社出版了《现代汉语频率词典》。

1985 年，在国家技术监督局支持下，陶沙、黄宪东、张国防、肖金卯、许钦文等人编制了《信息处理用 5000 词表》，并内部印发。

1986 年，北京航空航天大学等 8 个单位，在 2000 多万字的大型语料库基础上进行的现代汉语词频统计成果，通过了国家级技术鉴定。

1990 年，新华社、人民日报社、国家广播电影电视部等单位，联合研制了国家"七五"重点科技攻关项目——"新闻汉语词库"，并通过国家"七五"重点科技攻关项目的技术鉴定。该词库是对 1.2 亿字的新闻语料进行超大规模统计分析结果，共收词、短语、人名、地名和机构名等 70097 条。这一成果不仅被许多编码者所用，而且为《汉字键盘输入用通用词语集》（GB/T 15732-1995）的研制打下了基础。

在此期间，上海交通大学的科技语料库和中国人民大学的农业、铁路运输、税务等专业词语统计分析结果，也陆续通过鉴定或提供用户使用。

2.2 汉语分词规范研究

在汉语词频统计过程中，一个新的难题又困扰着众多的专家学者，即无论是人工分词还是自动分词，都必须解决什么是"词"的问题。1987 年，制定《信息处理用现代汉语分词规范》正式列为国家"七五"重点科技攻关课题。北京航空航天大学等 9 单位承担了这一研究工作。在机械电子工业部、国家语言文字工作委员会、国家技术监督局的协调下，研制并颁布了《信息处理用现代汉语分词规范》。刘源、梁南元、董振东、李大魁、赵淑华、常宝儒、袁琦、许钦文等参加了这项规范的制定工作。

2.3 汉语通用词库研究

1987 年，在汉语词频统计研究的基础上，把制定《信息处理用现代汉语常用词表》的工作列入国家"七五"重点科技攻关项目，该项工作由北京航空航天大学刘源、梁南元负责，新华社技术研究所等单位参加。该词表收词近 4 万条。

1992 年 4 月，中国中文信息学会汉字编码专业委员会等单位制定的《汉字键盘输入用通用词语集》国家标准，通过了技术审查。该标准从应用的综合性和广泛性出发，重点选择了政治、经济、文化、教育、科技和港台地区的通用词语，以及日常生活、工作使用的常用词语和人名、地名、机构名等，共收录词语 43540 条。在收录词语时，既考虑了词语的通用性和常用性，又考虑了词语的时效性和稳定性，较好地满足了社会各界利用通用键盘输入汉字的需求。该标准妥善处理了词与语的关系，注意词与语并重，适当增加了三字以上词语的比重，从而为提高汉字键盘输入速度提供了有利条件。《词语集》分通用词库、专用词库、个人词库三级结构，可满足各个领域、不同层次用户对中文信息处理和办公自动化的需求，为用户分级使用提供了方便。华绍和、程女范、张凡、蒋顺炳等人参加了这项研制工作。

2.4 汉语自动分词技术研究

汉语自动分词问题的提出，始于 20 世纪 50 年代的机器翻译系统，但始终没有得到理想的解决。到 80 年代初期，由于词频统计、汉字键盘输入方法的迫切需求，再次成为热门课题，甚至一些中外专家把这一课题的攻克视作中国的"第五大发明"。

1982 年开始，武汉大学、北京航空航天大学、复旦大学、吉林大学等，陆续推出一批自动分词的理论研究成果；1983 年，北京航空航天大学梁南元、刘源等正式推出国内外第一个可实用的自动分词系统 CDWS，并用于大规模词频统计。此后，上海交通大学王永成、中国软件与技术服务股份有限公司吴蔚天以及北方交通大学、东北工学院等，也都推出了各自的自动分词系统。

20 世纪 80 年代末，汉语自动分词理论和技术基本走向成熟。其中，梁南元的"歧义字段分析理论"和张普的"客观分词理论"具有历史贡献，一批各具特色的分词方法相继脱颖而出。例如：最大匹配法（MM 法）、逆向最大匹配法（RMM 法）、最佳匹配法（OM 法）、切分标志法、逐词遍历法、有穷多层列举法、二次扫描法、双向扫描法、联想回溯法、邻接约束法等。这些方法不仅用到词汇知识，有的还用到句法知识，甚至语义和语用知识。

1990年，一批高水平的实用化自动分词系统陆续通过国家的技术鉴定，它们的切分精度均已超过99%。这些系统是：山西大学刘开瑛等的ABWD自动分词系统（10月8日）；北京航空航天大学梁南元、刘源等的PC-CWSS系统（10月27日）；杭州电子工业学院张国煊等的HDCAWS系统（11月28日）；清华大学黄昌宁等在SUN工作站实现的书面汉语自动分词系统（12月22日）；北京师范大学何克抗等的汉语自动分词专家系统（12月29日）。

3. 词处理技术在汉字键盘输入中的应用

由于词处理技术在理论和方法上的相继突破，一些成果迅速被应用到汉字编码键盘输入方法中来。这主要体现在以下方面：

（1）词库的建立

（2）通用＋专用＋个人词库的设计

（3）词库的自动生成

（4）通用自动分词和自动生成新词语

（5）自动记忆新词语

（6）前后缀自动匹配

（7）词语编码

（8）词语简码

（9）高频词语先见

（10）动态计频自动调整同码词词序

（11）量词处理技巧

（12）重叠词处理技巧

（13）部分虚词的处理技巧

（14）习惯词语的处理技巧

词处理技术的应用，使汉字编码键盘输入方法进入了以"字为基础、词为主导"的时期。有专家认为，这是汉字编码输入方法研究重心又一次技术转移。

4. 汉字键盘输入系统

汉字编码从编码方案发展为键盘输入系统,特别是词处理技术在理论和方法上的相继突破,以及智能化处理的应用,使得汉字键盘输入技术向纵深发展,输入功能不断增强,系统的综合素质普遍得到提高,一批优秀、实用的汉字键盘输入系统相继诞生。

这些汉字键盘输入系统普遍具有以下主要特点:

(1)拼音码、拼形码和音形码共处一个系统,可按用户需求自由转换。

(2)较好地处理了易学和快速的统一、专业型和普及型的兼顾,把看打、听打和想打三者结合起来。

(3)适应不同的操作系统和个人计算机机型,能自由悬挂,具有输入、输出处理等功能,便于联机使用。

(4)系统能支持简繁体汉字的键盘输入,基础字集与全集配套、汉字字体配套、汉字点阵配套、字库词库配套、通用和专用配套等。

这个阶段的汉字键盘输入系统主要有:陈爱文发明的表形码、陈国斌发明的层次四角码、郑珑发明的郑码、周志农等发明的自然码、陈代宇发明的大众音形码、李公宜发明的交大李码、粟新民发明的四笔声形码、汉字编码委员会研制的规范码、唐懋宽发明的声数码、朱守涛等发明的"智能ABC"、刘卫明发明的双拼双音码、黄金富发明的唯物码和张普等人发明的"PJS/TLS汉字输入系统"等。

三 汉字编码的字词句智能处理

20世纪80年代末到21世纪初,智能化汉字键盘输入方法的研究如火如荼,从初期的"普及型TLS"、王晓龙拼音句输入等具有初级句处理技术的输入方法,到"智能ABC"、AUTOWAY和"青月亮软件"等,形成了百花齐放、百家争鸣的局面。

汉字键盘输入的智能软件大致有三类：基于理解的智能输入软件、基于语用统计的智能输入软件和基于模板匹配的智能输入软件。各类输入软件智能化的共同目标是：由软件来识别和选定上屏的重码字、词，缩短平均码长，使编码简单化，减轻人的负担。输入软件智能化的研制和应用，把汉字键盘输入技术的字词句处理推向新的高潮，使汉字键盘输入方法产生了一个新的飞跃。因此，专家们称，具有句处理技术的新一代输入方法，将是"以字为基础、词语为主导、智能处理"的比较完善的汉字键盘输入方法。

1. 汉字编码的句处理的基础条件

20 世纪 80 年代中后期，随着计算机应用的不断普及和汉字键盘输入技术的深入发展，人们越来越清醒地认识到，仅靠字编码、字处理不可能从根本上解决汉字输入的瓶颈问题，必须重视词处理及软件技术的研究和开发。到 80 年代末期，汉语句处理的手段开始引入汉字键盘输入系统。在早期句处理阶段，实现了拼音—汉字或拼形—汉字的句（词组）自动转换。要做到这一点，计算机必须具备更高层次的语言知识库，库中要有一定的词汇知识、句法知识、句型知识、语义知识、语用知识等。以词汇知识为例，词汇不仅仅是一些词条的有序排列，而应该形成一个较充实的词语属性库，包括词音、词形、词长、词频、异体、异读、词项、词性、词义、词素、构词结构、词缀、词境等一系列知识。当然，属性库中的知识在汉字键盘输入系统中使用到什么程度，这还要取决于计算机硬软件支撑环境的发展，但这种限制只是相对的，而不是绝对的。随着计算机软硬件技术的不断发展，这一限制的影响已不再成为问题了。

2. 汉字编码字词句处理的实现原则

尽管汉字键盘输入技术走过字、词、句处理三个发展阶段，但每一发展阶段都不能互相取代，也不是相互割裂的，而是相辅相成。于是"以单字为基础，以词语为主导，加强智能处理"成为人们设计汉字键盘输入系统的正确指导思想。唯有这样，才能建立起科学、合理、实用、高效的汉字键盘输入系统。

2.1 以单字为基础

（1）为什么要以单字为基础

著名语言学家王力先生在《实用解字组词词典》的序言中曾指出："汉语基本上是以字为单位的，不是以词为单位的。要了解一个合成词的意义，单就这个词的整体去理解它还不够，还必须把这个词的构成部分（一般是两个字）拆开来分别解释，然后合起来解释其整体，才算是真正彻底理解这个词的意义了。"例如：《现代汉语词典》除了将"漫步"解释为"没有目的而悠闲地走"外，还将"漫"单独解释为"不受约束、随便"。再如：将"审理"拆开解释为"审查处理"，将"享福"解释为"享受幸福"等。由此不难看出单字的重要性。

具体地说，以单字为基础的理由主要有以下三点：

① 从单字本身来看，汉字和语素基本上是一对一的关系。例如："人""丽""的"等，既是一个字，也是一个语素。据统计，双音节构成的语素只占语素总数的3%左右，且多为动植物名称，如"蚂蚁""葡萄"等。汉字和音节也是对应的，一个汉字对应一个音节，但一个音节却可以对应多个汉字，如 yi 对应的汉字达170多个。所以，在汉字键盘输入，特别是音码输入时，同音字问题既是重点，也是难点。与此同时，在建立词库时我们应对单字的地位给予足够重视。

② 从单字和词语的关系看，字和词（单音词）有时很难区别。单音词的范围很难确定，特别是用于人名、地名、专名时更是如此。同时，新词、新语不断产生，像"打工族""收银台""军嫂"等；外来词、专业词语不断更新。因此，再全再大的词库也不可能穷尽所有的词。这样，在遇到词库中未收的词语时，就需要单字输入。从这一角度看，单字输入的简便性，是衡量汉字键盘输入系统品质的一个重要因素。

③ 从单字的动态使用频率看，单字词虽然数量不多，但使用频率却很高。在北京语言学院《现代汉语频率词典》中，累计频率达50%的前191个高频词中，单音词有151个，占79%。近几年词语库建设的实践也证明，无论采用什么办法统计，单字词在各类文章中出现的频率

绝不低于50%。在较口语化的文学作品，如剧本、相声等中，单字词出现的频率可达70%。在"我再也不去了"这句话中，一个多字词语也没有。

除了上述原因外，以单字为基础的客观依据，还反映在机器内部表示汉语的代码是以"字"为单元的，系统间交换汉语信息的交换码，也是如此。

（2）怎样实现以单字为基础

在实现以单字为基础时，要注意掌握以下基本规律：

① 以单字编码的规范化为基础。目前，汉字编码方法五花八门，出现"万码奔腾"的现象，其根本原因在于对汉字本身的规范化研究不够，主要表现为：汉字读音的声调表示不统一和汉字音码的声母、韵母在键盘上的表示不统一；汉字笔画和笔顺不统一；汉字的基本部件（或字根）缺乏规范；汉字分解成基本部件（包括基本笔画和偏旁部首）的顺序和规则缺乏规范；汉字的基本拓扑结构缺乏规范；笔画和基本部件在键盘上的表示缺乏规范。

这些不仅直接阻碍了汉字编码的进一步发展，而且严重地影响中小学的语文教学。不规范的汉字编码方法不受用户欢迎，没有推广价值，倘若进入中小学教育领域，甚至会"误人子弟"，对汉字文化造成严重"污染"。为了促使汉字编码向规范化发展，从20世纪80年代中后期起，在国家有关部门的支持下，许多专家为此付出了毕生的努力。例如：国家语委的笔画、笔顺标准，中国中文信息学会汉字编码专业委员会召开两次字根标准化研讨会，制定音码键盘国家标准，制定汉字基本部件国家标准，进行汉字规范码国家重点攻关项目研究，制定数字键盘国家标准，对汉字键盘输入方案中的平均码长和字、词键选率作出上限规定等。

② 以高频字为基础。汉字虽然成千上万，然而这些汉字在使用时并不处于同一平面上。例如：根据《现代汉语频率词典》中的《汉字频率表》，"的"字在语料中共出现75306次，频率为4.16489%，而"乾、蔷、薇、柠、垃"等400多个字，频率为0.00006%，这400字的使用频率加起来仍不及1%。前者竟是这几百个字构成集合的16万倍。当然，

由于每次字频统计所用语料和方法不尽相同,得出的结果也会有些差异。著名语言学家周有光先生对各家统计的结果进行了分析归纳,得出汉字出现频率不平衡规律,也叫汉字效用递减率。根据这一规律,我们知道,字频统计中前2400字,覆盖率高达99%。汉字总字数虽多,但掌握了2400个高频字,就可认识书面语的99%。而字频统计中序号在6600以后的字,不管有多少字种,总的覆盖率不超过0.001%。所以,在贯彻以单字为基础的原则时,要将"高频字"作为基础的基础。

③以"词字"为基础。数以万计的汉字,从静态角度考察,形体各异,似乎没有什么联系。然而,从其与词的关系来看,可以将之分为三大类:能独立成词的字,如"的""很"等;不能独立成词、只具有词素义的字,如"民""丽"等;无词义、词素义,只起标音作用的字,如"琥""葡"等。这就是人们常说的词字、词素字和音节字。这三类字在现代汉语中所占的比例有很大不同,《现代汉语用字分类调查统计表》对《现代汉语词典》(试用本)所收的8685个汉字进行了统计。其中,词字有2560个,词素字为2430个(常用的1369个,不常用的1061个),音节字为1523个,其他2172个为罕用或可不用的字。将有构词能力的词字、词素字加起来为4990个,减去词素字中不常用的1061个字,常用的构词字只有3929个。也就是说,在现代汉字中,有构词能力的字尚不及4000。傅兴岭、陈章焕主编的《常用构词字典》,测定的构词字是3994个。当然,这三类字的划分不是绝对的,往往有一些汉字兼类的情况,如"生",在"生活""生产""学生"三个词中为词素字,而在"生孩子""生炉子""生豆芽"三个短语中为词字。并且,这种既可以单独成词,又可以和别的字组成合成词的字,在《现代汉语频率词典》所收的4574字中竟多达一半左右。因此,在实现"以单字为基础"原则时,应将有构词能力的词字,特别是其中可同时与别的字组合成词的字,置于最重要的地位。

2.2 以词语为主导

(1) 为什么要以词语为主导

据统计,在现代汉语的各类文章中,二字以上的词占字数的62%,

若加上熟语、常用短语等，二字以上的词语可占总字数的 70% 左右。在汉字键盘输入系统中，坚持以词语为主导，无疑可大大提高汉字输入效率。具体说来，还有以下几点原因：

① 从语言学角度看，汉字只是汉语的书写单位，词语（包括单字词）才是汉字中能独立运用的实际单位。著名语言学家胡明扬（2003）指出："语言的直接存在形式是按一定的语法规则组织起来的语汇。语言作为信息的载体，绝大部分信息也是语汇负载的。可以说离开了语汇就无所谓语言，更无所谓语法。"

② 从信息论角度看，词语的特征信息比字的特征信息更具确定性。字的诸多义项在词中只有一个被激活。采用字特征信息编码，其输入的信息经理论和实践证明，对绝大多数汉字是冗余的。众所周知，汉字属性有音、形、义三种，因此，汉字特征信息有字音、字形和字义三类特征信息。其中字音类又有标注汉字的拼音方案、汉字音节和同音字等特征信息；字形类又有汉字结构、部件、笔画及其组合、笔顺等特征信息；字义类又有字义、词义以及用来描述词义的义素等特征信息。故汉字特征信息是丰富的。字编码仅用到汉字特征信息的很少一部分，绝大多数汉字信息是冗余的。仅靠字编码的方案重码多、难学和效率低。

③ 从分化同音字角度考虑，坚持词语为主导，可大大降低重码率。如"篱"（li）在不标声调的情况下，用拼音输入，则在 6763 个国标汉字中，共有 76 个重码字，而"笆"（ba）则有 26 个重码字，若以词语为单位输入"liba"一词，则在收有四万余条的词库中无一同音词出现。

④ 从编码效率角度看，采用词语输入可缩短平均码长。有人对音码、形码、音形码中的几种代表输入法进行了研究，结果表明，在字输入情况下，几种编码平均码长均为 4 键/字，而采用词语输入后，平均码长则为 1.5 键/字至 2.5 键/字。若对高频字、高频词采用简码输入，则平均码长将降到 2 键/字左右。可见，以词语为主导，其输入效率比单纯字输入可提高一倍以上。

（2）怎样实现以词语为主导

在实现以词语为主导时，要注意掌握以下规律：

① 要坚持词、语并重。大量的理论研究和实践证明，词语可以降低音码输入时的同音字重码率，但要使重码率从 80% 降至 36%，必须建立起收词量达 50000 条以上的词语库。而据统计，现代汉语中真正意义上的词，即大家公认、符合通行的词定义的语法词仅有 20000 多条。显然，所建词语库若仅收这些词，则远远不能满足降低重码率和提高输入速度的需要。因此，这就需要增加一部分"语"，作为"信息词"补充进去。这些要补充的"信息词"——"语"，指的是习用短语。它既不同于固定短语，又不同于自由短语。确切地说，它具有以下两个特点：

语用上，使用稳定或比较稳定，即具有社会习用性。社会习用性，首先是指在历史上人们代代相沿习用，无论在哪个时期都得到普遍使用，如"总而言之""从某种程度上讲"等，其次是指具有较高使用频度，这是从统计上来测定其稳定程度，这一特点使之有别于那些使用度极高，但仅"昙花一现"的短语，以及虽在各个时期都出现，但使用次数少、运用不广泛的短语。

语义上，结合紧密或比较紧密，即构成短语的各个词之间，在语义上互相约束，不易为别的词语所取代，如"中国共产党""近年来""换句话说"等。

习用短语的这两个特点是相辅相成的，只有使用稳定或比较稳定的短语，才在语义上呈现出结合紧密或比较紧密的特点，反之亦然。这两个特点使习用短语具有了和语法词一样的特性，在语言中可成块自由运用。

② 要保持适当比例。根据理论和实践的要求，键盘输入用词语库的最佳比例为双字词语占 35% 左右。这是因为双字词语在现代汉语中的比例较大，而且很多三字词语都是双字词语搭配而成的；此外，还有一部分略语和明显具有文言性质的习用短语，如"另见""某一"等，也是由双字构成。三字词语占 20%。其中，主要是前加成分"无、非、副、老"等字构成的 1+2 结构，如"无条件""老三届"等；以及后加成分"部、化、者、机"等字构成的 2+1 结构，如"现代化""单放机"等。四字词语占 35%。包括 1+1+1+1 结构，如"春夏秋冬"；1+2+1 结构，

如"总后勤部";1+3结构,如"非增值税";2+2结构,如"税务登记";以及其他如"一心一意、有条有理、一清二楚"等类型。五字及五字以上词语占10%。其中,包括一些术语,如"国内生产总值";专名"中华人民共和国""中国人民解放军"等。将这些词语收进词语库,是为了进行模块化输入,提高输入速度。

2.3 加强智能处理

(1) 为什么要加强智能处理

键盘输入技术的"智能处理",是指利用计算机的软件能力,帮助用户实现汉字键盘输入的一种手段。其初级形式为计算机的各种提示帮助手段和联想功能;高级形式为自适应、自学习和对自然语言的理解。

在汉字键盘输入技术中,加强智能处理的原因在于:

① 可真正减轻人脑负担。采用词语输入,固然可以减少一些重码,然而却不能从根本上解决易学易用的问题。如有人对《汉语拼音词汇》(增订稿)(1963年出版)中的同音词进行了统计,发现在45200个连罗词中,如不区分声调,共有同音词17435个,占总词数的38.6%;若区分声调,则同音词为5249个,占11.6%,为了进一步降低重码率,有些编码方案则增加了一些编码规则。这种做法实质上是让人脑适合电脑,这显然有悖于人们使用电脑的初衷。因此,提高软件层次的作用,加强智能处理,就变得尤为重要了。

② 可使汉字键盘输入从烦琐枯燥逐步走向轻松自然。智能化软件中的提示帮助功能,可以清楚地告诉用户下一步该做什么事及会有什么结果。并且,随着计算机存储容量的增加和处理能力的提高,软件技术发展越来越迅速,提示帮助功能也由原来的提示行、提示菜单等发展为形象明晰的提示窗口,用户可用鼠标直接操作并与之对话,从而使用户的操作变得更加轻松。

(2) 怎样加强智能处理

汉字键盘输入的智能处理通常采用以下技术:

① 采用联想提示,实现高频先见、自动上屏。早期的提示行是设置在屏幕的最下一行,后来窗口技术给提示功能创造了更方便的环境。

联想输入是对提示方式的特殊应用，如输入"大"后，屏幕上会自动出现"[联想] da 1. 半 2. 办 3. 伯 4. 不了 5. 步流星 6. 部 7. 部分 8. 胆"等，供用户选择。这种以字引出词语的方法，大大提高了输入效率。另外，还有一种与之相反的做法，即"以词定字"，以解决音码输入法中的同音字重码问题。例如：由于"zhong"对应了"中、衷、忠、终"等十几个汉字，因此在输入"中"字时，可用拼音键入"中国"一词，再取其前一字。为了进一步解决重码字词，可在字频和词频统计的基础上，将重码字词按照"高频先见"的原则排列，并采用首选高频字词自动上屏的方法，从而减少这些高频字词的重码键选率。

② 利用语言知识，实现自动选择。由于句子中所用的词语之间存在着一定的语法、语义关系，这样在解决重码字词及提高输入速度问题时，就可利用这一特点，加强智能处理。例如：用拼音输入"shiji"，提示行就会出现"shiji 1. 时机 2. 事迹 3. 实际 4. 世纪 5. 试剂 6. 史籍"等许多同音词语（不计声调），但若先输入"二十"一词后，计算机会根据字词间的关系，只选择"世纪"一个词语来首先显示。

③ 利用软件技术，实现自适应、自学习功能。自适应，是指计算机通过预先置于系统内的知识，自动处理汉字输入中的一些问题。典型的例子就是自动分词，它是指计算机根据已存储在机器里的词库及分词规则，通过匹配来处理用户输入的词语。例如：要输入短语"外交谈判"，用户由键盘输入拼音"waijiaotanpan"及空格后，计算机通过检索，发现词库中不存在这一词条。这时，计算机将自动按序提示其局部代码对应的最长词条，提示行将出现"waijiaotanpan 1. 外交 2. 外角"，经用户确认"外交"后，提示行将出现"waijiaotanpan 外交 1. 谈判"，从而完成"外交谈判"的输入过程，并通过自动记忆功能将这一短语增加到词库中。自学习功能，是指通过特定用户的使用，计算机能逐步积累一种专业知识，并可用这种知识来处理特殊用户的某些问题。典型例子是计算机可根据用户使用某词的频率，不断调整重码字词的顺序，从而降低重码字词的键选率。系统使用的时间越长，机器所记忆的知识越多，智能处理能力和水平就越高。

3. 实用的汉字键盘输入系统

"智能 ABC 汉字输入法"是一个实用的汉字键盘输入系统。1985年，由北京大学朱守涛老师主持的 CW 研究组开始立项，后来得到国家语委，特别是著名语言学家周有光教授的指导和帮助，1988 年，通过电子工业部和国家语委的鉴定，并在长城计算机上安装。1990 年，国家教委授予 CW 科技进步二等奖。

1990 年，在长城计算机公司的支持下，一个研制组在"CW"的基础上，融合了北师大李金铠教授的笔形输入法专利技术，更名为"智能 ABC"，后来成为国家信息化标准委员会推荐的汉字输入法。自从 1992 年美国微软公司在 Win32 中将其作为 Windows 操作系统的基本输入法以后，该输入法又相继作为苹果、康柏、红旗 Linux、中软 Linux、新华 Linux 等系统的基本输入法。

"智能 ABC"是一个汉字输入的平台和一种新的汉字输入模式。它符合国家信息技术有关标准，遵循国家语言文字规范，按标准的汉语拼音、汉字笔画书写顺序并充分利用计算机的功能来处理汉字，它无须专门学习，只要受过初等汉语教育，就可以得心应手地输入汉字。例如"新概念英语"可用"xin gainian yingyu"输入，空格处需要按空格，这样与学校教学书写拼音基本一致。

"智能 ABC"建立在一个约 6 万词条的现代汉语词库和具有自动筛选能力的动态词库的基础上，动态词库容量可达 17000 条。"智能 ABC"与人们的思维习惯一致。人们的记忆是多层次的，"智能 ABC"可以模拟人的思维，具有自动记忆、强制记忆、模糊回忆功能。自动记忆用来记忆词库中没有的词，允许记忆的词最大长度为 9 个字，允许最大词条容量为 17000 条。强制记忆用来记忆既频繁使用又较长的词条，允许定义的词条最多为 15 个字，最大容量为 400 条。模糊回忆功能是模拟人大脑的瞬时记忆以及不完整记忆的原理，对于刚刚用过的词条，只要输入其中任何字的声母按"Ctrl + 短横杠"组合键，即可得到这个词条。语流信息分析、自动分词构词、广义同音同形词的识别以及多层次的记忆功能，形成系统的智能特色，这就使得人在输入过程中不再是机器的奴隶,而是机器适应人的需求。

"智能 ABC"使用基本的拼音和笔形知识,充分发挥计算机的"积极性",这就是本系统取名"智能 ABC"的原因。"智能 ABC"对于要输入的字和词,都采取多一对应的方法,即对每个字和词都有多种方法输入,从而达成了字处理与词处理的一致性。"智能 ABC"输入过程自然流畅,完全能够适应不同年龄段,不同文化层次的人使用。"智能 ABC"除了输入汉字以外,还有学习功能,帮助使用者学习规范的汉字和汉语知识。"智能 ABC"一经推出,就得到了广泛的应用,给人们带来速度、效率和乐趣,为推动中国的计算机事业,特别是推动汉字输入法的广泛普及作出了积极的贡献,开创了汉字输入的全新模式。

多年以来,"智能 ABC"的处理模式也在不断地发展,在 2001 年推出智能 ABC 6.0 版本,该版本支持 GB 18030 标准,增加了复杂汉字的辅助输入等多项功能。目前正在加强嵌入式系统的输入技术的研究。

四 汉字键盘输入平台

汉字键盘输入是汉字信息进入计算机的最主要手段,而汉字键盘输入软件是计算机中文软件的重要组成部分。经汉字编码专家、语言文字专家和计算机专家共同的努力,汉字键盘输入技术的理论研究和应用开发都取得了很大成绩,由孤立的单字处理到词语处理并向语句处理发展,由早期偏重编码设计转向编码和软件设计并重,使得制约汉字键盘输入的瓶颈——易学与高效的矛盾有所缓解,初步满足了日常利用键盘输入汉字的需求。目前,各种汉字操作系统和键盘输入系统层出不穷,它们都拥有各自的用户群。这种"百花齐放、百家争鸣"的局面在促进计算机汉字信息处理技术不断发展的同时,也存在着一些不容忽视的弊端。

(1)各种键盘输入系统和汉字处理软件(如操作系统)之间缺乏统一的接口标准,系统的通用性、适应性差。

(2)不同键盘输入系统自成体系,编码缺乏统一的标准和规范,编码方案规范性差,基本定义和操作方法五花八门,不但不便于学习和记忆,也给工业生产、用户应用、人员培训以及中小学教学造成困难。

(3)实现的软件质量参差不齐,大量低水平的重复劳动造成人力、物力、财力的巨大浪费。

这些现象极大地阻碍了中文信息产业的发展。为尽快克服这些弊端,促使汉字键盘输入技术更上一层楼,建立一个规范化与智能化相结合的高层次通用汉字键盘输入平台势在必行。

1993 年,汉字编码专委会提出研究和建立汉字键盘输入平台系统的建议,1994 年 11 月通过专家技术鉴定。参加汉字键盘输入平台研制的有:北京超想电脑公司何肇光、赵辉;北京语言大学张普;汉字编码专委会委员陈一凡、华绍和、肖金卯、蒋顺炳等。

1. 汉字键盘输入平台的基本要求

由于汉字键盘输入平台是各种编码输入方案与汉字处理系统之间交互连接的中间件,因此它必须相对独立于编码方案和计算机系统软件,具有通用性。

此处的通用性,主要体现在以下两个方面:

(1)输入平台应适应各种汉字系统环境。鉴于汉字键盘输入平台所处的位置以及我国计算机中文信息处理的总体现状,该平台必须能够适应各种汉字系统环境。目前,各类汉字环境多达数十种。虽然这些汉字系统本身也在逐步向标准化和规范化方向发展,但达到最终的统一和规范还需要一个较长的过渡阶段。因此,键盘输入平台如何适应不同的汉字系统,仍是一个突出的问题。一个优秀的键盘输入平台要得到普及和应用,就必须能够适应各种汉字环境,这是其实现实用化、商品化,以及取得相应社会效益和经济效益的必要条件。就目前情况而言,可以挂接的汉字系统环境主要包括 DOS 平台、Windows 平台和 UNIX(Linux)平台下的各种汉字环境等。

(2)输入平台应容纳多种键盘编码方案。以往的汉字输入系统往往是自成体系的封闭式系统,这给用户造成了诸多不便和系统资源的浪费。实际上,不同输入方法的差别,主要体现在编码的差异和软件水平的不同。虽然目前在编码层次本身不可能求得统一，但完全可能使各种输入系统具有统一的软件层次。

综上所述，通用汉字键盘输入平台系统具有以下几个特点：

（1）用统一的软件实现不同的编码。改变不同的输入方法时，只需要改变不同编码的码表（字码表和词码表）以及对各项规则的定义等，这样可方便实现不同输入方法的切换，节省资源，有利于软件的优化和引导输入系统逐步走向规范化，在软件层次上实现通用性。

（2）减少编码设计周期，优化系统性能。只要汉字编码符合一定的规范，都可以在通用平台上实现其编码设计，同时享有该平台所提供的一切功能。这一点对于潜心汉字键盘输入编码的设计者来说，可以说是雪中送炭。因为，一旦完成了编码设计，即可在计算机上实现该编码输入，从而省去了编制软件的时间，避免了低水平的重复劳动。对于已有的编码方案，一个优秀的高层次的通用平台，可以改进其系统性能，增加实用功能，提高输入效率，使编码更好地发挥效益，可谓是锦上添花。

（3）通用汉字键盘输入平台可为各种编码创造同等的软件环境，提供平等竞争的机会。其意义也是显而易见的。因此，建立通用的汉字键盘输入平台，有助于在软件层次上为汉字键盘输入的规范化、标准化创造条件。

2. 汉字键盘输入平台的主要功能

为建立汉字键盘输入平台，中国中文信息学会汉字编码专业委员会经过深入调查和系统总体设计，于1994年11月，与北京超想电脑技术开发公司联合研制开发了通用规范汉字输入系统平台（TYSR），并通过技术鉴定。该系统具有以下主要功能：

2.1 实现与各种汉字系统环境的"万能悬挂"

采用先进的"万能悬挂"接口技术，较好地解决了键盘输入平台和不同汉字系统的连接问题，满足了用户在各种汉字环境下进行键盘输入的需求。对已有的各种汉字环境、汉字系统都能挂接，如CCDOS、SPDOS、UCDOS、中文Windows各种版本、UNIX平台下的汉字系统、中文之星等；能适应国内各种主流计算机系统，如长城、浪潮、东海系列微机系统，超想、天汇、中国龙系列汉字系统，联想汉卡系列等，基本上覆盖了当时绝大多数用户的应用领域。

2.2 实现多种编码方案的"万能挂接"

采用相对独立的模块化结构设计技术，结合上述"万能接口"功能，使系统成为一个能够联机各种汉字操作系统和键盘输入编码方案的通用软件平台，有了这个"万能平台"，任何编码方案都可以在各种汉字系统环境中实现。

在该通用平台下，各种输入方法，除键盘编码本身外，所有软件功能都得到了统一，特别是功能键和操作方式的一致性，以及平台赋予各种编码方案的即时造词、智能选择重码等辅助功能，极大地方便了各种编码设计者。平台还允许多种编码方案同时并存，不同输入方法之间可简单地通过功能键切换，无须额外增加内存开销，也方便了用户使用，提高了输入效率。优秀的编码方案和优秀的软件平台的结合，构成了先进的汉字键盘输入系统。

2.3 智能化处理

随着汉字键盘输入技术的不断发展，人们越来越清醒地认识到，汉字键盘输入仅仅依赖于编码本身是难以取得根本性突破的。于是，软件的作用愈加受到重视，输入软件开始向具有主动性、自学习性和智能化方向发展。计算机存储容量的增加和处理速度的提高，为在汉字键盘输入中使用更多的人工智能技术提供了客观条件。智能化的软件承担了以往人工负担的大量工作，使得汉字输入从烦琐枯燥逐步走向轻松自然。

通用平台按照"以字为基础、词语为主导、加强智能处理"的原则，采用字词相关智能处理技术，对挂接的各种编码方案进行智能优化，大大提高了输入系统效率和质量水平。

2.4 符合规范化和标准化要求

平台的规范性体现在其所使用的字符集、词语库、编码形式及其键盘定义和操作方式等方面。

（1）字符集

采用 GB 2312-80《信息交换用汉字编码字符集 基本集》、GB 13000.1《字符集汉字折笔规范》、GB 18030-2005《信息技术 中文编码字符集》作为系统字符集。系统提供该字符集中全部字符的键盘输入。其中，汉字字符通过系统下特定的键盘编码方案输入，同时提供统一的简码字和常用词语快速输入功能；为非汉字字符提供统一的功能键切换和提示行选择输入方式，并为中文标点符号和制表符号提供快速有效的输入手段。此外，字符集的所有字符均可用区位码输入。

（2）简码字

简码字是汉语中使用频度最高的单字。结合"以字为基础、词为主导"的原则，在综合考虑汉字的使用频度和组词能力的基础上，经过科学的统计、分析和精心挑选，确定了78个简码字，并以"音托"方式将它们定位在键盘的26个字母键上，每键定义三个简码字，其键位均不随编码方案的不同而改变，简码字在系统中一键输入。

（3）标准词语库

采用由中国中文信息学会汉字编码专业委员会、中国标准化与信息分类编码研究所和中国标准技术开发公司共同制定的《汉字键盘输入用通用词语集》国家标准作为基本词库。该词语集共收词语43541条，其动态覆盖率已经超过了95%，应该已经基本上满足了多数用户的汉字输入需要。除基本词语库以外，还允许用户使用自己的专业词库和自造词库，以满足不同用户在不同领域和环境的特殊使用需求。

（4）简码词

选用现代汉语中使用频度最高的一批双字词作为简码词。实践证明，要让使用者熟记哪些双字词属于简码词是有一定困难的，因此平台系统选择使用频度高的副词、助词、连词作为简码双字词，以便于记忆，从而可以经常使用这些简码词提高输入效率。平台为简码双字词规定了统一的编码规则，即无论使用哪种编码方案，简码双字词都以组成该双字词的两个单字编码的第一码组合而成。在这个规范下，系统的简码双字词码表将由平台软件根据字码表自动生成，无须人工操作。简码词在系统中两键输入。

（5）统一键盘定义和操作方式

无论平台在哪个汉字系统下运行，或采用哪种编码方案，其基本的键盘定义和操作方式都保持一致，为用户提供了极大的便利。具有同一性的主要功能包括：汉字键盘输入系统的启动退出、中文西文状态的切换、提示行格式及其操作方式、系统功能键的定义、简码字和简码词的输入、中文标点符号的快速输入、常用数量结构的快速输入、简易快速制表、非汉字字符的输入、疑难字的查询方法、用户自造词方法和词库管理等。当更换一种新的编码方案时，唯一需要学习的是汉字的键盘编码，用户不必花费精力去重新熟悉一系列功能键的定义和操作方法，而原来所掌握的许多快速输入技巧照样可以继续使用。这会给广大用户提供最大的便利。

（6）多级词库管理和自造词功能

平台采用基本词库、专业词库和用户自造词库三级词库管理模式。大容量的国标基本词库可满足一般用户的基本需求，还可以安装专业词库和个人词库以满足特殊用户的需要。对于词库中没有的词语，系统内置了灵活简便的即时造词功能，允许用户随时增加个人词库的词汇量，实现随用随造、自动记忆，并支持随时删除不再使用的词语，操作十分便捷。

（7）多种辅助功能

平台还提供多种辅助功能，包括模糊输入、疑难字查询检索、中文标点符号的快速输入、常用数量结构的快速输入、简易快速制表、简码字词的修改等。

3. 汉字键盘输入平台的发展

汉字键盘输入技术向标准化、规范化、智能化、国际化方向发展，推动了通用汉字键盘输入平台的建立。从当前的工作进展和取得的成果来看，初步尝试已取得成功，TYSR 系统已被应用于多种汉字系统环境和键盘编码方案中，并获得了编码界专家和广大用户的认可与支持。后来，香港星光传讯的黄金富先生和广东青月亮科技开发有限公司的朱亮也相继推出了汉字键盘输入平台系统。

黄金富先生研制的"黄金码手机输入平台"于2004年11月在"中国首届手机中文输入大赛"上亮相。该平台的特点是：有多种不同的输入方法，包括简繁体汉字手机码、简繁体汉字黄金码、ME和M9英文输入法，能挂接其他输入法；按一个键可将中文输入法转至数字模式或英文模式，无须转换输入法；使用创新的Mobile Keyboard，可使手机、PDA、电话、电视音响遥控器、电脑等装置上的按键位置和操作方法相同；键盘上的编码键同时也是选字选词键，无须按结束键，即按即上编辑窗口等。

"青月亮汉字通智能输入软件平台"（简称"GM平台"），是集多种音码、形码和笔画码于一体的通用智能处理平台，拥有友好的用户界面和丰富的辅助功能，支持31键位、26键位、10键位、8键位和5键位等多种键元集，支持GB 18030的27533超大字符集，支持中文简体、繁体和英文Windows 98/2000/XP/2003/Vista等操作系统；为各种输入法增加上下文关联智能输入的后处理支持，使输入法更易学、更好用。该平台具有各个级别的智能化功能，从低级别到高级别依次为高频先见，字、词联想，上文关联，上下文关联，用户可根据使用习惯自由选定。平台严格遵循一系列与信息处理相关的国家标准和规范，特别是与汉字输入紧密相关的两个标准GB/T 18031-2000《信息技术 数字键盘汉字输入通用要求》和GB/T 19246-2003《信息技术 通用键盘汉字输入通用要求》。

随着计算机中文信息处理技术的发展，汉字键盘输入技术必将持续提升，其总体发展趋势表现为：编码层次逐渐简化，软件层次日益复杂，系统的智能化程度不断提高，最终有望实现无编码汉字输入。因此，汉字键盘输入平台今后的发展必须与此相适应，向高度智能化、规范化和标准化方向发展。

五 汉字数字键盘输入技术

随着信息技术的不断发展，信息化时代的到来，计算机、网络的普及，尤其是移动通信的广泛使用，推动了中文信息技术的新发展。随着手机短信息和手机上网的普及，汉字编码由计算机键盘拓展到纯数字键盘，汉字输入在经历了 20 世纪 80 年代末、90 代初的辉煌发展后，又迎来了新的发展机遇。利用各种数字键盘输入汉字的"汉字数字码"已成为 90 年代末以来的热门话题。为此，中国中文信息学会汉字编码专业委员会于 1999 年 5 月 27 日，召开了全国"汉字数字码在通信中的应用"专题研讨会，着重研究如何使世界上最古老的汉字与使用最广泛的数字相结合，将汉字输入技术推向一个新的发展阶段。会后，数字式小键盘发展很快，呈现出蓬勃发展的态势。

1. 早期的汉字数字码

汉字数字输入的研究其实相当早，汉字数字码的历史甚至早于电子计算机的发明。在 20 世纪 20 年代，王云五先生为解决字典方便地检索汉字的问题，发明并成功地推广一种汉字数字编码，叫"四角号码"；在电报通信中使用的"电报码"，也是一种汉字的数字编码；还有与机内码相关的"区位码"，也是用数字来表示汉字的一种代码。由于这类码的特殊性，如缺乏规律性或需要惊人的记忆，很难普及使用。因此，这样的数字输入只能局限在极小的专业范围里使用，无法普及给大众进行更广泛应用。

2. 汉字数字键盘输入的基本要求

由于数字码只有 10 个元素（0—9）可供汉字编码使用，没有计算机键盘那么多可供编码发挥的空间，原来绝大多数的汉字键盘编码不适合直接转换成数字码，供手持终端（如手机、电话、PDA、电视机顶盒等）使用。目前，手持终端普遍采用的是拼音和笔画输入法，而且基本上以处理单个汉字为主，其汉字输入的效率不如计算机键盘高。所以，寻求易学、高效的数字码是编码界的新追求。

2.1 规范化、大众化、智能化和高效率

（1）规范化

在汉字键盘（26键）编码输入方法发展工程中，一个沉痛的教训是，由于前期很多人没有意识到对输入方法的规范，未遵循汉字自身的规律，导致各种输入方法各自为政，带来了"编码污染"，即使是现在在市面上流行的输入方法，也存在许多不规范性。因此，在汉字数字码研究中必须吸取这个教训，严格执行我国语言文字和信息处理方面的规范和标准，使开发的数字码技术符合规范，易于被用户接受和掌握，保护汉字规律不被破坏。

在汉字数字码输入技术研究中，涉及一系列国家标准和规范，如GB/T 18031-2000《信息技术 数字键盘汉字输入通用要求》、GF 3002-1999《GB 13000.1字符集汉字笔顺规范》以及GF 0014-2009《现代常用字部件及部件名称规范》等。

（2）大众化

汉字数字键盘输入面向的用户是普通用户，输入模式看屏打字、边想边打，故对速度的要求不像专业录入人员那样高。对于普通用户，尤其是不同文化程度和年龄的人群来说，40—50字/分钟就已十分流畅了。因此，在保证规范化的前提下，力求大众化，使输入方法简单、易学、好用，是设计者必须追求的目标之一。在大众化的要求下，传统的将汉字拆成部件的做法一定要抛弃。这也是众多输入法制作者的软肋所在。汉字数字输入的突破口是："音码不用拼""形码不用拆"。这样的汉字数字键盘输入方法更能符合简单和大众化的要求。

（3）智能化

汉字数字键盘输入必须高度重视软件的智能化设计，这是由数字码自身的特性所决定的。汉字数字输入由于可安排的键位少（最多10个），不可避免地带来输入效率低、词组输入麻烦、与数字输入冲突、标点符号输入不便等一系列问题。这些问题必须通过智能化的软件设计来解决。设计者要尽量为用户着想，尽量用最少的键完成最多的事。因此，这里

不仅要借用标准键盘输入系统智能化设计思想，而且要根据数字小键盘和大众化的特点，加强软件的人性化、智能化设计，采用更有效的人工智能技术，解决数字输入中出现的输入效率和学习难度的问题。这样的汉字数字键盘输入方法才能有成功推广应用的大好前景。

（4）高效率

提高输入效率是汉字键盘输入的一项基本要求，而汉字数字键盘输入方法对这个要求更高。因为，汉字编码用数字小键盘比用标准键盘效率要低。提高效率，应尽量选择最短的码长（最长不超过5键），要尽量分化单字和词组的重码，要采用更有效的智能手段提高键选率。

2.2 重在从系统整体上解决问题

汉字数字键盘输入是面向大众的输入技术，它与计算机汉字输入技术的最大差异是其用户全民性。为了解决大众化和高效率的问题，必须从系统的整体上求得突破。为此，必须注重以下问题：

（1）多种汉字输入方法及数字、符号和简繁体汉字共处一个系统，不用切换。对于手持设备，尤其是手机，不应仅提供单一的输入法，而应根据大众的不同需求，构建一个包含多种输入法的输入系统，如具备音码、形码（含笔形码或笔画码）和音形码（含形音码）共融一个输入系统。这些输入法之间既有互补性，又能分别满足不同用户的需求。给大众用的各类数字输入法越简单越好，最好用户在输入汉字时，不同输入法之间做到不切换，这有利于资源共享和汉字信息共用，减少击键次数，方便用户提高输入速度。同时，在字词输入和各种符号输入时也不用转换。手机输入汉字是见字选字，而不是盲打，这样增加软件的智能处理功能是完全可以实现的。

（2）注重非编码因素，提高系统综合指标。所谓非编码因素，是指在汉字编码的基本码表以外，起到离散重码的智能高频先见、联想、智能预测、语义识别、容错等作用的各种系统功能和解决方案。汉字编码并非构成输入法的全部，汉字数字键盘（如手机）输入方法为了易学应趋于简单化，非编码因素在数字输入法中承担了越来越重要的作用，它是提高系统综合指标的最有效解决方案。

（3）尽可能减少光标移动和击键次数。选字处理采用见字即按即上屏技术、设置前后翻页键和增加屏幕上显示窗口的汉字数（至少可到12个字），都能减少光标移动和击键次数，减少用户花在选字上的时间。标点符号在文章里出现频度很高，处理好常用标点符号输入，对提高输入效率是非常有帮助的。处理标点符号时要考虑使用频度。

（4）建立智能输入的词语库。词语库应包含常用词语、短语、问候语、常用人名、地名、机构名和必要的当前流行语等。词库应能定期更新，并可根据用户需要自定义一些作为简码输入的词语。

（5）应用字、词以及上下文关联的多级联想技术。所谓多级联想，不仅以单个字为基础进行联想，还可以词汇和上下文关联为基准进行联想，以便将所要选的字、词排在首选位置，提高输入速度。

3. 汉字数字键盘输入技术的发展前景

应用是技术发展的直接推动力。20世纪90年代后期，在手机技术迅猛发展的背景下，手机上的中文输入成了迫切的需求，10个数字键上的中文输入成了必须解决的课题，为数字输入技术提供了一个广阔的空间。可惜的是，由于种种原因，我国手机的数字码键盘输入法市场却被国外技术占了先机。目前，提供手机用的汉字输入法软件的主要有三家：美国特捷通公司（Tegic Communications）、加拿大字源公司（Zi Corporation）、美国摩托罗拉公司（Motorala）。它们提供的输入法软件产品分别是：T9、eZiText和iTAP。其中，iTAP是摩托罗拉公司的自有产品，因而凡是摩托罗拉生产的手机都使用iTAP输入法，该公司在手机市场的占有率约为22%。T9输入法被多个国际品牌手机采用，如诺基亚、三星和西门子等，这些采用T9输入法的手机市场占有率总和超过50%。eZiText汉字输入法在中国市场占有率也有20%左右。三大品牌的占有率之和超过92%，而国产输入法的占有率不足8%。现在，每年国内销售的手机大约有8000万部，每一台手机都需要短信功能，因而每年会有8000万套的手机汉字输入法软件在国内销售。

我国是汉字的故乡，对汉字的处理，特别对各种汉字输入法（包括手机汉字输入法）的研究，不仅有成熟的经验，而且产品也非常优秀。毋庸置疑，国产汉字输入法产品品质上乘，输入法技术处于世界领先地位。那么，问题是为什么现在手机里装的汉字输入法主要是"洋码"呢？

　　造成这种局面的主要原因是手机产品的特殊性。手机与电脑不同，绝大多数手机采用的是没有通用操作系统的嵌入式系统。所有软件在装入手机之前，都被集中编译成一个整体软件包，然后再下载到手机中。也就是说，汉字输入法软件，必须由手机方案的设计者统一集成到手机整体方案中去。由于手机是国外发明的，国外输入法厂家（即捷通、字源和摩托罗拉）看到中国市场的需求，他们便利用这一得天独厚的条件，与手机芯片厂家合作，在芯片厂家提供的原始参考方案中预先植入其输入方法，占据了先入为主的优势。到目前为止，我国手机制造商在很大程度上依赖外国厂商提供的芯片，这导致难以在手机设计中预先嵌入我国自主知识产权的汉字输入法。在国内手机芯片设计和生产还没有形成，或者还没有与国外生产芯片厂商取得很好合作时，在手机原始方案里嵌入国产汉字输入法几乎是不可能的。如果自己移植汉字输入法软件，则要花费一定的人力和时间，并要承担一定的风险。这就造成了国产汉字输入法占有率不高的局面。

　　有人对我国市场主流手机嵌入式的汉字输入法进行了研究，通过应用和对比，认为我国市场上主流手机上的汉字输入法，普遍存在的突出问题是输入速度慢、整体效益低。

　　另外，我国一些管理部门重视不够、引导不力、投入太少，也是一个原因。如对有关汉字输入法技术标准的制定和执行不力，远远落后于产业的发展；对汉字输入技术的研究工作缺乏热情和支持等。多年来，国家语委、计算机学会、中文信息学会等部门和社会团体，在中文信息处理领域进行了大量工作，并取得了丰富的汉字输入技术成果。这些成果多数可以直接应用于手机汉字输入，但遗憾的是这些研究成果至今还被束之高阁。

　　解决上述问题、改变上述困境的根本途径在于制定标准，而重要手段是进行评测并择优选用。主流手机汉字输入法是随着国外手机产品进入我国市场的，那时还没有标准可依。因此，当务之急是制定并执行"汉字数字键盘输入技术"的国家标准。

无论是国内还是国外的手机产品，只要进入我国市场，就必须首先通过测试关，在符合标准的基础上，再对汉字输入法的软件进行测试，给出总的评测成绩，择优选用。只有这样，手机汉字输入法才能形成市场竞争的局面。

当前，数字输入仅仅处于发展期，还未到高潮期，数字输入研究还大有可为、大有前景，既需要我们的发明人、研制者更加努力研究，更需要国家和政府有关部门的大力扶持和正确的引导。

六　汉字键盘输入技术的发展展望

从前面几节的描述中，可以看出汉字键盘输入技术在短短三十来年里取得了举世瞩目的成就。不仅涌现出诸多优秀的输入方案，而且输入技术也在不断提高，系统的智能化程度逐渐增强，规范化、标准化工作也取得了较大进展。然而，我们还应看到，在这一领域仍存在着一些不尽如人意之处。首先是在诸多输入法中存在着大量低水平的重复；其次是某些输入法不符合有关语言文字规范，严重影响了中小学识字教育和计算机教育；再次是对当前一些问题的认识还存在着一些误区，对汉字键盘输入技术发展前景的看法也产生了一些分歧等。

本节将对汉字键盘输入方法的理论与技术的发展，对汉字键盘输入技术发展中出现的一些问题进行概述，同时对汉字键盘输入技术今后的发展提出我们的看法。面对建立社会主义市场经济的大形势和中文信息处理技术及其产业的高速发展，汉字的键盘输入技术仍然是当前计算机、手机和 PDA 等手持设备汉字输入的主流。

1. 基础理论与技术的研究成果

截至 2005 年底已申请国家专利的汉字编码方案达 2736 个。其中含音码、形码、音形码和数字码及少量的汉字检索法。综合来看，汉字键盘输入方法的理论与技术的发展，主要有以下几方面：

（1）从单纯讲求汉字编码方案的素质到讲求编码方案与支撑软件的综合素质，从汉字键盘输入方法发展为汉字键盘输入系统，软件的不断进步对推动汉字键盘输入技术的发展起了决定作用。

（2）从手工统计汉字频度发展到计算机自动统计字频、词频、根频、笔画、结构等，并建立起了可用于辅助设计编码方案的汉字属性库。

（3）从人工设计编码方案发展到由计算机辅助设计汉字编码方案，进而建成了汉字键盘输入平台。平台利用汉字属性库，由计算机自动抽取信息特征、优化编码、生成码本，大大加快了设计周期，提高了编码方案的素质。

（4）从汉字编码发展到汉语词语编码和句处理以及智能处理，编码界形成了"以单字为基础，以词语为主导，加强智能处理"的共识。字处理能力、词处理水平及智能处理程度，成为衡量一个编码输入方法好坏的重要标志。

（5）从只处理简化字发展到繁简字的相互转换与兼容处理，从汉字发展到多种少数民族文字处理的中文信息处理系统。

（6）汉字的处理从基本集向全集发展，从只处理单一中文文种发展到可以处理以中文为主的多文种，并考虑到外造汉字的编码和输入问题，同时也解决了中西文的兼容问题。

（7）输入方法从单一类型向普及型和专业型两个方向发展，从单纯追求速度发展为注意规范、易学、易用和高效并举。

（8）输入软件从低智能向高智能方向发展，注重利用词汇、句法、语义、语用知识，智能化软件在减轻人脑负担、提高输入系统质量方面发挥了重要作用。

（9）商品化的输入技术的开发紧跟计算机软硬件的最新发展，瞄准国内和国际两大市场，一方面注意申请国际专利，另一方面不断推出适应国内外市场的不同档次的中文信息处理系统。

（10）从定量和定性两方面注重加强对汉字键盘输入系统评测和优选的研究，初步形成了一套完整、科学、客观的汉字输入方法评测规则和配套的实施细则及评测软件，有利于引导汉字键盘输入方法从百花齐放向相对集中、规范的方向发展。

（11）加强对语言文字的基础研究和标准化工作，在汉字字符集、汉字部件、汉字笔顺、数字键盘汉字输入通用要求等方面，制定了一系列国家标准和规范，使汉字编码由不规范向规范化方向发展，一批符合或基本符合语言文字及信息处理规范的实用型汉字键盘输入系统开始进入市场。

（12）汉字键盘输入经历了由大键盘、中键盘向国际通用标准键盘及数字小键盘的演变，后者逐渐成为主要的汉字键盘输入手段，且预计在较长时期内将长期共存、共同繁荣。

2. 汉字键盘输入技术发展中出现的主要问题

2.1 低水平重复，造成浪费

众多的编码在很大程度上是低层次的重复，造成这种现象的原因是多方面的。

第一，大部分编码者对汉字键盘输入技术缺乏科学的认识。汉字键盘输入技术是涉及文字学、教育学、信息学、系统工程学等学科的一门综合性技术，它是全新的，需要进行艰苦的理论探索。编码初期，重点在于突破瓶颈，汉字编码方案几乎均由个人推出，手工制卡编码，码本字集自选。这些编码实践，仅仅是键盘打字的一种设计，编码者错误地把汉字键盘输入技术简单地等同于汉字编码。事实上，"汉字键盘输入方法"是运用某种编码方案、键盘设备及计算机资源，由操作者向计算机输入汉字的方法。"汉字编码"是按照一定的规则，对指定的汉字、汉语词语集内的元素编制相应的代码。汉字编码只是汉字键盘输入方法中的一部分，汉字键盘输入系统还包括许多处理软件。汉字键盘输入方法的研究包括合理地提取汉字特征信息，合理地建立汉字特征集与汉字集的映射关系，这属于编码层次；而这种映射关系在计算机上的具体实现，属于软件层次。它涉及汉字集的大小和排序，汉字的平均信息量，汉语字、词的规范化以及字、词频度的统计；涉及编码时的汉字特征信息集的构造和特征元的提取；涉及特征元到键元映射关系中的人机工程心理学；涉及计算机辅助设计的数学模型和算法；涉及系统实现计算机内数据结构和软件工程及基于学习和理解的智能化处理等。特别是面对不同知识背景和资源环境，如何才能适应不同层次用户的要求，这一切都使得这门多种学科边缘的综合技术具有形易实难的特点。这里面有许多内容亟待研究，确立规范。未从理论上科学地认识汉字键盘输入技术，仅局限于编码研究，未能充分发挥键盘输入系统的整体优势，这是导致低水平重复、浪费人力物力财力的关键原因。

第二，传统的汉语研究不能为汉字键盘输入技术提供汉字属性的定量研究数据和规范与标准。如字频、词频、字种数没有定量研究，在字根、笔画、笔顺、笔数、结构类型方面，需要对传统研究成果加以改造、深化、量化。汉语拼音方案通用键盘表示法方面也需要从零开始。汉字键盘输入技术和汉字基础理论研究的缺乏，导致特征信息元的选取和编码规则具有很大的随意性。因此，加上汉字信息量大的特点，使不同的编码者撷取不同的汉字特征信息集，编制出许多不同的编码方案。

此外，由于汉字键盘输入技术是从无到有，摸着石头过河，因此在前期专家们和学术指导机构不可能站在一定的理论高度对汉字键盘输入技术进行指导和调控，这也是导致"编码潮"出现的一个重要原因。

2.2 汉字键盘输入研究出现的误区

在汉字编码、汉字键盘输入方法的研究和发展历程中，人们经历了不少的误区，有的误区已经为专家、新闻界和用户所认识，但有的误区至今尚未被用户和研究者认识，亟待厘清。

（1）重码率越低越好

这一误区产生于20世纪70年代末和80年代初。当时，一个新方案的推出，重码率不仅是作者本人宣传的重点，而且记者、用户、厂家、同行之间总要先"内行"地问一句："重码率是多少？"以致有的方案作者在这一误区走到了极端，宣传自己研制出了很"容易学"的无重码方案。实际上，四码电报就是一种无重码方案，一切真正内行的专家都明白，汉字无论是按音、按形、按音形如何排序，要做到无重码都是可以的,但必须以增加规则和隐含规定为代价。

出现这一误区的原因是当时还处于单纯重视汉字编码研究阶段,认为汉字进入计算机主要是解决汉字编码问题,没有重视汉字键盘输入方法的研究,尤其是对实现编码方案的软件——汉字输入系统的研制,更没有认识到从某种意义上看,输入系统的研究比编码方案的研究更为重要。

就编码方案研究而言,降低重码率实际上也只是研究的重点之一,而不是全部。重码率太高,会给使用造成不便,必须适当降低重码率,但并不一定重码率越低越好。因为降低重码率往往意味着需要增加诸多特殊规则,这反而增加了用户学习和记忆的负担。事实上,只要发挥了软件的优势,系统是可以容忍一定程度的重码的。可以通过"显示选择""高频先见""第一高频免空格键"以及智能联想等方法转变为编码。绞尽脑汁地降低重码率,往往会牺牲易学性,这是所有深入研究过汉字编码的人所共知的。目前,优质的输入系统大多能在一定程度上容忍重码率,专家们的研究重心也已从单纯的编码研究转向编码与智能化输入软件的结合,这标志着汉字键盘输入方法实现了从依赖人脑记忆规则到利用电脑处理规则的重大转变。

(2)速度越快越好

20世纪80年代初,汉字编码方案从纸上谈兵变成键盘输入系统之后,人们开始可以在计算机上实时地录入汉字了。这时,另一项可以量化编码质量的指标出现了,这就是录入速度。在中国的计算机没有进入家庭之前,文字的录入工作掌握在有计算机单位的专职录入员、操作员、打字员手中,他们以看打、听打方式工作,注重录入速度,一些特殊工作领域(如新华社、部队、电信行业和各个机关的打字室等)甚至对速度的要求非常高。同时,改革开放以后,一些单位对录入员工作进行实时计量考核,录入员本人也希望使用速度较快的输入方法。这就使得录入速度成为大家关注的重要方面。媒体对录入速度的追求和宣传一度达到顶点,从每分钟七八十字到每分钟一百多字、二百多字,一直到有人宣传每分钟四百多字的方案,近乎"大跃进"时期的夺高产、放卫星。

追求录入速度本身并无不妥，但若片面追求，则易陷入误区。不问工作性质，不管使用对象，一个编码方案的好坏一律先问"达到每分钟多少字"，一律宣传"每分钟可录入×××字"，这是不全面的。需知，除了专职操作人员外，更多的是一般人员要使用计算机或中英文电脑打字机。这些人的需求已随着计算机的普及一天天多了起来，他们是秘书、记者、编辑、教师、科技人员、公务员等，他们的工作方式是"想打"，即边写（击键）边思考、推敲，因此平均起草（输入）速度在每分钟30字以下。特别是现在，电脑已普及到千家万户，成为人们学习、工作的必备工具，对这些大众人员来说，每分钟100字是用不上的，更不用说每分钟400字的速度了。所以，应在确保易学性的前提下兼顾速度，绝不可以牺牲易学性来追求速度。

（3）词库越大越好

20世纪80年代中期以来，汉字键盘输入方法从字处理进入字词（句）处理。人们开始认识到键盘输入仅有字处理的手段是不够的，还必须有词处理和句处理的手段。词处理和句处理必须给机器建立词语库、句法库（词法、句法、句型等）、语义库、语用库等。同时，人们在研究汉字键盘输入方法时，出于分化同音字（音码）和重码字（形码或形音码）的需要，以及为了追求录入速度，无论音码、形码、音形码均要依靠词汇码的手段来缩短码长或定义简码，有的已走向词组码、固定短语码和结构码。这样，所谓"词库"中已包括了大量的词组、短语、结构等，实际上已经开始进入了字词（句）的处理了。

词汇的好处一经认识，人们便纷纷开始建立词库。开始是共同研制了"五千词表"，后来发现词库太小，不敷使用，用户常常"上当"，以为是词，采用词汇码方式，结果发现没有这个词，翻回来再用单字输入，欲速则不达。只有扩大词库，用户才能获得更自由的用词体验，因此，相继出现了二万词库、三万词库、五万词库、七万词库，乃至十二万词库等多种规模的词库。这时，人们在选择一个好的输入方法时，不只要问"重码率"和"录入速度"，还要问"有没有词库，词库有多大"。因此,词库的大小又成为一个可以量化编码质量的指标和媒体宣传的"兴奋点",这也导致人们有了"词库越大越好"的误识。而且,不论词库中是否全是"词",因为信息处理时,只要用户方便,是可以把"分之""将是""严加"等都收入词库里,完全不必按语言学家从事理论研究时那么"较真儿"。但是,词库并不见得越大越好。实践证明,目前较大规模的一些词库已暴露出不少问题。一是按照词典收词建立的词库(如《现代汉语词典(第2版)》的5.6万词),其中有相当一部分是古语词、方言词,实际上在信息处理中很少用得上。二是人们在实际工作中都有一定的专业领域(如化学、冶金、医药、农业、财贸、法律、军事等),再大的词库,也仍然不能满足专业领域的需求,需要增加专用词库。例如:农业领域就提出至少要增加3万—4万农业专业词语。此外,各领域专用的词库,除了专业词汇外,还应包括方言词汇或地域词汇,甚至还应包括在一定时期专用的历史词语。基于上述分析,词库的应用领域具有一定的局限性,每个用户都不可能涵盖所有专业领域;而领域的种类和知识范围又是极其庞杂的,除非你能建立一个覆盖了人类所有领域知识的超级词语库(实际上,这近乎不可能也不必要),否则,再大的词库也不能覆盖一切领域的需要,只能是无谓地白白浪费计算机系统资源。

实践证明,科学的词库结构应是:通用词库+专用词库+个人词库。其中,通用词库根据当前统计结果,可在4万—5万词语之间;专用词库可根据各应用领域的需求,自行增加,系统应配置词库自动生成软件;个人词库按不同用户的使用习惯,系统通过自动记忆功能实现。

因此,不能简单地说词库越大越好,而应按"通用+专用+个人"的词库设计思想进行构造。"通用词库"不必过大,收词基本稳定;"专用词库"和"个人词库"不断扩大。"专用词库"一次建立,通过版本更新扩大;"个人词库"通过记忆用户习惯随机扩大。这种意义上的大词库,才是大而得当。

2.3 成果鉴定和舆论宣传不够实事求是

自1981年春,李金铠第一个召开了"汉字笔形编码法"鉴定会并申请了专利以来,各种汉字键盘输入方法的鉴定层出不穷。由于缺乏科学、合理的评测规则,使得一些成果鉴定不够实事求是,甚至产生误导。

如1986年的评测，造成了片面追求速度和低重码率的误区。另外，一些编码者为了推行自己的编码方案，争取市场占有率，在宣传中也往往不够实际。这些问题都影响了键盘输入技术的优化和健康发展。

2.4 汉字键盘输入软件缺乏统一的设计规范和质量检测指标

汉字编码方案必须通过输入软件才能在计算机上实现。长期以来，不同编码方案的软件实现，由于缺乏统一的标准和规范，在基本定义、系统接口和人机操作界面等方面五花八门，使汉字键盘输入系统的通用性、适应性很差，不仅学习记忆不方便，而且增加了软硬件的开销，给工业生产、推广应用、人员培训以及中小学教学造成困难。为了适应中文信息事业的发展，汉字键盘输入软件急需制定统一的设计规范和质量检测指标。尽管《通用键盘汉字编码输入方法评测规则》已通过了国家鉴定，但在实施过程中仍有一些实际问题需要解决。

2.5 以行政手段强行推广某种输入方法，造成了不正当的竞争和不良的社会影响

一种编码方案与计算机的软硬件相结合，构成高科技产品，最终作为商品进入市场，从投入研发到形成市场规模，这是一个完整的发展过程，在整个过程中存在着激烈而复杂的竞争。竞争既有学术和技术方面的，也有商业方面的，如宣传、广告、促销、培训及售后服务等。自由竞争的环境因一些部门强行推广某种输入方法而被破坏，导致了某些不够规范的汉字键盘输入方法占领了某些领域，甚至流入中小学课堂。因此，建议有关主管部门加强对语言文字和键盘输入技术的标准化工作，加大对标准规范的宣传贯彻力度，强化对现有各类汉字键盘输入系统的评测和优选工作，按专业型、普及型和手持终端型（手机）等不同类型，对其中符合规范的、优秀实用的自主知识产权产品加大推广和扶持力度，促进中文信息处理和汉字键盘输入技术又好又快健康地发展。

3. 汉字键盘输入技术的未来发展和建议

汉字键盘输入技术迄今已发展30余年了。经过科技工作者的努力，汉字键盘输入技术在理论研究和工程实践方面都取得了巨大成就。为数

众多的实用输入软件,支撑着数百万台汉字系统和数亿台手机的正常运转,这些都极大地推动着中国社会的信息化、现代化。毋庸讳言,当前汉字键盘输入技术存在的混乱现象也是十分严重的,正处于"万马(码)奔腾"的"战国时代",其结果让用户眼花缭乱,无从选择。对此人们颇有微词。因此,今后汉字键盘输入技术发展的前景,是引导这门技术发展的前提和关键。

3.1 汉字键盘输入手段将长期存在,需要进一步研究和创新

在汉字输入技术中,现有手写输入、语音输入和键盘(含软键盘)输入都将有很大的发展空间。手写输入识别率不断提高,已达到实用阶段,只要会写字,并可以使用这项技术,操作、学习和使用都没有难度。但输入速度慢,不适合专职操作员使用;同时,如应用在手持终端上,需双手操作,这是它的两大缺点。语音输入虽然取得了很大的发展,但还不成熟,达不到实用阶段,即使技术达到实用阶段,语音输入还会受环境的影响,它的发展和实际应用有待进一步创新。汉字键盘输入技术,因其输入设备简单和输入速度快独占鳌头,尽管,使用之前需要学习,但这种学习负担人们都能承受。随着汉字键盘输入技术的发展,易学性将会更好。因此,不管未来手写输入技术、语音输入技术如何发展,可以说,从长远来看,各种输入技术不是谁取代谁和淘汰谁的问题,它们将是共存共荣,都有广泛的市场。纵观世界,在西文输入领域中,语音输入和手写输入都已进入了实用阶段,但是西文键盘并没有被取代。可见,汉字键盘输入手段也不会消亡,将长期存在。用于手持终端设备的数字汉字键盘输入技术方兴未艾;用于中小学教育的规范音码和形码还未形成;国家在汉字键盘输入技术方面的标准和规范还在完善,真正符合规范和易学高效的汉字键盘输入方法还未问世。因此,汉字键盘输入技术还有很大发展空间,我们仍需努力,继续创新和发展。

3.2 汉字键盘输入需要进一步向规范、易学和高效发展

各类汉字键盘输入技术的优缺点总体而言,汉语拼音键盘输入发展到整句输入,具有很高的智能化水平。其优点是输入取码简单,易学难忘,有助于汉语教学,便于汉语语音学习。其缺点是平均码长较长,且由于

目前自动分词的准确度尚未达到100%，因此无法根本解决语句输入中的"回头看"问题，导致输入速度相对较慢；同时，难以适应汉字形体认知和语义认知的要求，长时间使用会导致"提笔忘字"。形码汉字键盘输入还停留在字词输入阶段，智能化程度低。其优点是平均码长短，输入速度较快，有助于对汉字结构、部件笔画和笔顺等字形的认识。其缺点是汉字拆分规则和取码规则复杂，难学易忘；有些方案存在不规范现象，其拆分对汉字的损害严重。笔画码多用于数字键盘输入汉字，以其易学性赢得了一定的市场份额，目前所运用的笔画码有5笔画、6笔画、9笔画等，其中也存在不规范的地方，由于数字键盘键位少，这类方案重码率高和平均码长较长；另外，绝大部分数字键盘输入方法没有词句等智能处理，因而数字键盘输入方法效率不高。

综上所述，现有的汉字键盘输入方法都还存在一定问题，仍需要进一步研究和创新，以进一步向规范、易学和高效发展。但音码、形码和数字码等键盘输入方法，不存在一枝独秀、赢家通吃的问题，而是要相互补充、共同发展、长期并存。同时，汉字键盘输入技术不可能实现一元化，而应根据不同专业和人群的需求，分别形成普及型和专业型的系列产品。

3.3 中小学教育呼唤规范形码和规范音码

目前，在中小学教育中，计算机中文输入主要使用拼音输入法，而拼形输入法（形码）至今还没有被中小学使用。这主要是因为形码涉及汉字结构、部件、笔画、笔顺和汉字拆分等问题，这些与语言文字紧密相关的规范问题尚未解决，现有形码输入法与中小学语言文字教育相悖。因此，中小学教育界一直不愿选用形码。

然而，中小学生若长期使用拼音输入法输入汉字，容易出现"提笔忘字"的现象，进而逐步丧失汉字书写能力。有关资料统计，长期使用拼音输入法的人士，有明显"提笔忘字"的体验者超过95%。这是因为以音码为基础的计算机输入，不利于人们对汉字的形体认知和语义认知，使人们逐渐忽略了汉字的字形和结构，只注意汉字的读音。汉字具有音、形、义三种属性，在中小学利用计算机辅助教学中，只注意音，显然也是不够的。国家教育部门已注意到这一问题,考虑采用等级考试,以提高中小学生汉字书写能力。同时,就目前中小学教育中使用的音码本身而言,也还存在一些需要进一步规范的问题。例如:在对《汉语拼音方案》的键盘化方面,对《汉语拼音方案》中声调的处理等问题,还有如何处理中小学教学中对汉语拼音的整读与实际输入的矛盾问题,以及对目前流行的全拼、简拼、双拼等方案的优选和兼容处理问题等,均需要做进一步深入研究,以求统一规范。

由此可见,在中小学教学中,既要使用规范的音码,也要采用规范的形码,两者相辅相成、互为补充,以利于学生对汉字音、形、义等知识的全面掌握。这个惠及子孙万代的问题还没有真正被解决。因此,编码专家、计算机专家、语言文字专家应承担起这一历史重任,国家有关部门应给予高度重视和大力扶持。

3.4 加强规范化、标准化研究,推行评测和选优

汉字是中华民族的瑰宝,制定中文信息处理的有关标准和规范是我们得天独厚的优势。我们应该充分利用这一优势,通过标准规范来保护我国在中文信息处理方面的自主创新的原创成果,强化国产汉字输入法软件产品的竞争力。然而目前,在这方面我们还做得十分不够。一方面,虽然已制定了一些汉字键盘输入技术的标准,但未引起社会的关注,也未有效制约国外输入法的侵入;另一方面,汉字键盘输入技术的标准与语言文字密切相关,是影响我国语言文字教育和汉字文化长期发展的大事。因此,在制定这些标准时,不光要考虑信息处理方面的要求,还要从语言学和文字学的角度去考虑。只有这样,才有可能制定出一个科学、权威和实用的国家标准来。因此,加强规范化、标准化研究,是提升国产汉字键盘输入技术和软件产品竞争力的根本。"评测选优"是提升我国汉字键盘输入技术和软件产品竞争力的重要手段。有了规范和标准,还必须按照规范标准研制统一的测试软件,建立相关的语料资源库,成立由语言文字专家、编码专家和相关管理专家组成的评测机构,对汉字输入法产品进行测试和资格认证。"评测选优"的关键,一是测试软件要规范,否则无法衡量被测产品;二是评测机构要有权威性,工作程

序应透明。只有这样，才有可能保障被测机构和被测项目公平、公正和合理。

总之，汉字键盘输入技术的研究任重而道远，需要我们突破传统思想束缚，大胆创新；需要政府有关部门高度重视，加强扶持和引导；需要社会各界通力协作，共同努力奋斗，按照规范、易学、高效的要求，对音码、形码、数字码不同类型，尽快形成专业型和普及型汉字键盘输入系统的系列产品，造福子孙万代，古老的中华汉字文化将为我国现代化和社会信息化再创辉煌。

柒 《动态语言知识更新研究》前言

这本《动态语言知识更新研究》结集出版是很不容易的。

光是这个前言,就写了 5 年,2003 年写了第一稿,现在是第七稿。不断修改,不断计划增入新的文章,其间还遭遇了我一生中最严重的病患,可谓经历了死去活来。其实,这期间最重要的"更新",就是我自己人生哲学的改变。我过去是透支生命、只争朝夕,以拼命三郎、工作狂为荣,现在变成更理性的"要拼搏,不要拼命"。命还在,才可以搏得更久,而命拼掉了,争到了朝夕,也不可持续发展。这一点,是我大病后的大彻大悟,幸而"重生",得以有机会与诸君共勉。

不仅前言写了 5 年,本书中论文的写作时间更长。这是我的第三部个人选集,收入关于"动态语言知识更新"的研究论文 19 篇,附录 7 篇。从第一篇发表到最后一篇写成,跨度 10 年。但是,如果从 1982 年见到杉村博文先生的例句(下文有详述)有一点思考算起,到付诸实践,到将阶段论文结集出版,前后却历经 25 年。我自认为书中还有一点点创新,这就是:力主建立"动态流通语料库";在语言研究的时间观的争议中,强调历时研究与共时研究双重(音 zhòng),并基于现代大众传媒的发展,提出"共时中有历时和历时中有共时"的"相对时间观";对于语感进行了一些基本分类,包括对个人语感和大众语感的分类,提出通过测量大众传媒的流通度这个"白箱"来相似计算大众语感这个"黑箱",把重要的语言规律从"约定俗成"推向可计算。尽管"弹指一挥间"25 年已经过去,但动态语言知识更新的思考、理论、方法、实践还是初步的,未臻成熟。不过,毕竟对语言的动态部分(如新词新语新义、流行语、字母词语、术语等)和语言的稳态部分(如通用词语、基本词汇、基本字集等）的监测和研究都已经启动，并引起了国内外有关媒体和同行的关注。

25年时间，仅此"一点点创新"，实在不值得炫耀。何况大量具体工作还都是博士生、硕士生们做的，我常常开玩笑和同学们说："张老师现在是'君子动口不动手'。"当然，我的文章还是自己动手写的。本前言的写法也想有一点改变，就是不想写成一般前言的内容简介与致谢。我想和读者讲讲25年才有的"一点点创新"的真实的故事，希望能比一般性的前言好看和有益。

透过这些个故事，我想告诉诸君，我可绝不是一个聪明人，不是"一不小心就玩儿上了语言研究"，玩儿出一本集子。我更不敢言"码字"或"写字"，我从有一点想法，到付诸实施，到形成一个集子，记录我的"学术心路历程"，实实地不容易。虽不敢言呕心沥血，但是，岁月蹉跎，却也倏忽过了25个寒暑，最后竟然脑梗继而又"新生"。25年，足以使一个初生的婴儿长大成人，然而，动态语言知识更新的学术创新还只能算刚刚起步。因此，写写一个不聪明的甚至驽钝的人如何创新，就是想说：尽管现在技术进步了，有了"Google"和"百度"的帮忙，但是创新谈何容易！学海无涯，万不可投机取巧、浅尝辄止。不过，创新又是人人都可以努力争取的，"只要功夫深，铁杵磨成绣花针"的道理还管用。现代社会，不磨"铁杵"，不磨"绣花针"了，可以磨点儿别的，比如"动态语言知识更新"。

学术，常常是自以为是的，学界是否认同又另当别论。不过认同与否并不十分重要，如果都认同了，就都成了定论，学术也就没有了生命。学术，又常常是自以为非的，我也时常地自省，随着时间的推移，它还站得住吗？尤其是研究"语言知识动态更新"，难道这"动态更新"自己就不会被更新吗？

我深知自己的根基。做了30多年的"语言信息处理"方向的研究，反而越做越觉得我们在交叉知识结构方面的欠缺。以我现在从事的语言知识动态更新研究而言，就已经汲取了理论语言学、社会语言学、计算语言学、认知科学、信息科学、传媒学、控制论等多学科的营养。我依然时时觉得自己功力不足，需要"充电"。我愿将这集子出版，一方面想说明：创新之树的生长，首先靠内因，当然自己要努力，根基重要、吸收重要、方向重要。另一方面也想说明：一要靠地帮忙，哪里有水、有土、有营养，根就往哪里扎；二要靠天帮忙，祈求风调雨顺，没有旱涝虫瘟。借助天地的力量，可以"化成万物"。天时、地利、人和常常带有机会和运气。

我要借写《前言》的机会说明：也许我的机会和运气一直很好。

创新的故事，就从"天地化成万物"开始。

一

在20世纪70年代末，我在武汉大学决定从事语言信息处理研究的时候，正值我参加《汉语大字典》的编写工作。那时候王力先生与吕叔湘先生认为《汉语大字典》《汉语大词典》的初稿都缺乏现代汉语例句，需要补充大量的现代汉语例句。古代文献还有一批燕京哈佛学社的《引得》和中法北平汉学研究所的《通检》可供检索，而现代汉语例句则全靠人（那时至少是大学教师）手翻笔录，有时候一整天连一个字、一个义项的合适例句也没有找到，补充起来极其困难。我遂决定与计算机系的伙伴们合作建立"现代汉语语言资料库"，做一批现代汉语名著的逐字索引，帮助《汉语大字典》补充现代汉语例句。这件事得到了当时武汉大学校长刘道玉的支持和中文系、计算机系的前辈李格非、周大璞、曾宪昌等教授的扶助，也得到了国内学术界吕叔湘、王力、刘涌泉、陈章太、赵世开、饶长荣、叶蜚声、石安石、陆俭明等前辈的指导与提携，吕叔湘先生还亲自为计算机编纂的第一本现代汉语语言资料索引——《骆驼祥子》逐字索引，写了序言。他鼓励说："武汉大学中文系和计算机科学系的同志们合作，把老舍先生的《骆驼祥子》全文存入了RD-11微型机软盘，并且利用计算机对《骆驼祥子》的语言资料做了自动加工处理。他们的软件系统可以自动查频、自动编索、自动检索、自动校对、自动统计标点及句长等工作。他们可以在计算机上对语言工作者提出的任意字、词、词组、短语、句子进行检索，打印含有这些字、词、词组、短语的全句原文。对我国语言研究的现代化，特别是研究手段的现代化来说，这是一件很有意义的事。"他还说："他们的工作在语言研究手段现代化这件事上做了一个良好的开端，我希望有更多的语言工作者和计算机专家结合起来，把这项有重大意义的工作推向前进，取得更丰硕的成果。"

今天看来，这已经不是什么大不了的事，只是早做了几年而已。但是前辈们却充分爱护和肯定了我们敢想敢做的精神，这种奖掖使年轻的我终身受惠，这就是我那时欣逢的"风调雨顺"。

那时，我30多岁，不知道什么叫累，曾经一天之内分别找中文系和计算机系的8位正、副系主任——"汇报"，希望他们支持新兴的"综合性边缘学科"，也曾经倒排时间表，和伙伴们48小时不出机房，为鉴定会"拼命"，真的是只争朝夕。但是现在我要讲的创新的故事，是"动态语言知识更新"研究。这次的"更新"研究，除了"语料库"一词迄今还保留外，其他方面我当初的认识和做法差不多都逐渐被否定了或被更新了。比如：语料库从共时变成了历时；从可以做成而鉴定到永远做不成而进行动态更新；语料从考虑文本的平衡性到考虑媒体的流通性；等等。有些变化甚至是颠覆性的，比如：那时是只要加工现代汉语名著的语料，遵循"以典范的现代白话文著作作为语法规范"的业训，严格选择老舍、曹禺、巴金等公认的语言大师的著作，现在却是要加工"大规模真实文本"，不管是你我他的文章，只要在大众传媒上出现，只要具备了一定的"流通度"，就可以选，甚至必选。

还有一点没变的，就是这次我做动态语言知识更新的研究，也同样是"风调雨顺"，同样碰上一些难得的机遇，促成了我这一愿望和课题的逐步实现与推进，直至本书的结集。就像命硬一样，机缘和运气还是很好。

我们就讲讲这一次的"天地"是如何"化成"动态语言知识更新的。

二

事情要从 20 世纪 80 年代初说起。当时我刚开始做机编"现代汉语语言资料索引"系列中的第一部《骆驼祥子》的加工处理。而自我否定的因子，那时就已经潜伏下来了。

1981 年，著名方言学家詹伯慧教授（那时我们在武汉大学的《汉语大字典》编写组共事）访问日本，参加了 1981 年 11 月 7—8 日在东京东洋大学举办的日本第 31 届中国语学会的年会，1982 年他（笔名柏苇）写了一篇文章在《国外语言学》上发表，文章介绍这届年会。他综述了年会的主要情况，着重选择了第 2 会场的 10 篇论文进行介绍，以展示日本学人研究汉语的最新成果。其中，介绍了杉村博文先生研究的现代汉语中的《先"了"后"de"的现象》，什么是先"了"后"de"现象？詹教授引用了杉村博文先生的三个例句：

1. 婆婆死了，四个钟头以前死 de。
2. 你们看到 de，我终于也看到了，只是比你们认识得晚些。（此句形式上非先"了"后"de"，原文如此。笔者按。）
3. 他写了个历史剧《沈括传》，写 de 不错。

其中的例句 3 引起了我的注意，我越看越觉得像我发表在《十月》杂志的一部中篇小说《飞出来了，希望！》中的话，我核对了小说原文，果然不错。18 年后的 2000 年 6 月 26 日至 28 日，应新加坡国立大学特邀，我参加了第 9 届国际华语教学研讨会，我第一次与杉村博文先生晤面，说起这件往事，也证实了他所引的例句就是出自我的小说。（竟有这样的巧事！不然我就会一扫而过，不会引发思考。）

这件事引起我的思考。我用计算机做的一套"现代汉语语言资料索引"，收录的是老舍、曹禺、巴金、叶圣陶、赵树理等一代语言大师的作品，我们引用例句无不遵循"以典范的现代白话文著作为语法规范"的成规。为什么日本人研究汉语要引用我这样一个文坛的无名小辈的作品？语言上绝对不是"典范"，何况还有责任编辑的不少修改痕迹。要知道那篇小说还是我的处女作，但差不多刚刚在中国发表，就被杉村先生作为语料引入他的论文，为什么？18年后，杉村告诉我说他正是要从最新的中国出版物中选择最鲜活的语言材料。

　　这件事只是引起我的注意和一时的思考，没有什么结果。那时我不知道日本人为什么会对当代的杂志比那些站得住的经典名著还感兴趣，不明白我本人本来是要研究别人的语料的，自己写下的话怎么会成为别人研究的现代汉语的材料？我继续埋头忙着做我的"文学名著语料库"（此库的名称是后人所称，当时我们叫"现代汉语语言资料库"），未及仔细琢磨。

　　不久，日本人的又一件不守成规的举动引起了我的注意。那就是报载日本的国立国语研究所在选择语言资料时，挑选了日本最畅销的一些报纸、杂志和图书作为收集对象。而那时我们的语料库建设正处在寻求"平衡"的时期，即使是在平衡的前提下选择语料，也都是把语言的"典范性"放在第一位的，文学作品必是名家名著，报纸必是《人民日报》《光明日报》，杂志社、出版社必是要严谨的、正统的，总之是"言必称希腊"。我自己给研究生讲的"语言信息处理概论"课，说到语料选取时也是讲要遵循语料的科学性、代表性、规范性、权威性、真实性等一系列原则，就是从来没有考虑畅销不畅销，没有考虑印数或销售的排行榜作为选择语料的标准。

　　日本的研究所为什么要考虑印量呢？印得多当然影响就大，影响大的就一定要关注、要研究吗？不管它科学与否、不管它规范与否、不管它权威与否吗？要维护祖国语言的纯洁和健康，不科学、不规范、没权威的东西不但不需要研究，还要不断纠正，这就是我当时的简单想法和心态。但是，关注发行量和排行榜的念头却从此在我心中挥之不去，为什么日本的语言学家要关注发行量，并以此作为选择语言材料的重要依据呢？

三

从20世纪90年代开始，国际自然语言处理领域发生了一些重大变化，其特征之一就是转向对大规模真实文本的研究和处理，以大规模真实文本为基础的语料库及其语言研究和知识自动获取受到高度重视，并且越来越走向深入和实用。任何一个实用的语言信息处理系统都是在大规模真实文本的语料库研究的基础上建立的。

90年代初，我在北京语言学院提出建立"大规模现代汉语动态语料库"的计划，进行语言"动态更新"的研究，并且准备每年出版一本现代汉语的《年鉴》，来公布语言的变化和数据。这个计划得到当时主持工作的学校领导的批准，并且单独批给了我3个人的编制，恰巧这位代校长的名字就叫李更新。我说我的环境和机遇一直比较好，也包括1986年离开武汉大学到北京语言学院之后。当时的院长吕必松和继任的院长杨庆华两位教授都很关注语言信息处理的研究工作，吕院长支持成立了语言信息处理研究所，第一年由马希文教授任所长，我任副所长。王还、张清常、常宝儒、赵淑华等前辈教授给了我许多关怀和帮助，我尤其记得在论证"大规模现代汉语动态语料库"的计划时，张清常先生说的话："我们一定要支持这项对国家和语言学院都是功德无量的计划，如果经费紧张，我自己的研究可以不要研究经费，也要支持这项研究！"我当时除了负责语言信息处理研究所的建设和管理工作，还正在主持国家"八五"的"现代汉语语义研究"项目，语义是当时语言信息处理发展的重点和难点问题，我已经倍感力不从心，无法再认真思考动态语料库建设的一系列理论与方法，加上没有物色到合适的人选和落实研究的经费，这个新的研究室没能如期建立，动态语料库的建设暂时搁置。

1993年，清华大学黄昌宁教授在《语言文字应用》第2期发表了《关于处理大规模真实文本的谈话》，指出国际计算语言学界已经把大规模真实文本的处理确定为未来一个时期的战略目标，这将会给语言文字的研究带来巨大的影响。他还认为这种变化和发展反映了现代语言学研究中经验主义思潮的复苏，在语法研究方面促动从宏观到微观的回归，给语言文字研究带来的巨大影响之一就是语料库语言学的崛起，该文引起语言学界的极大反响。

1995年，清华大学出版社和广西科学技术出版社联合出版了东北大学姚天顺教授等学者的专著《自然语言理解———一种让机器懂得人类语言的研究》，其中有专门一章讲述"语料库语言学"。1997年复旦大学出版社出版了该校计算机系教授吴立德等学者的专著《大规模中文文本处理》，该书在借鉴国外研究成果的基础上，系统地介绍了大规模真实中文文本信息计算机处理的理论和方法。

学术界的这些发展，使我建立大规模现代汉语动态语料库的想法不断在心中萌动，1997年，又一个契机来临。一方面，当时研究所的校园网的建设工作和全校中外学生的计算机基础教学工作已经分立出去，遵照学校要研究所集中力量办成"两个基地"（科研基地和人才培养基地）的指示，我可以集中精力专注科研。另一方面，为将计算机技术和网络技术更好地引入对外汉语教学领域，研究所已经建立了两个研究室，较早成立的CAI研究室已经走上正轨，而"网络教育研究室"刚刚开始运作，离这两个研究室合并成立网络教育学院还有一段时间，我有了一个绝好的学术喘息的机会，可以认真地思考一下关于建立"大规模现代汉语动态语料库"的一系列问题。

四

恰在此时，新闻出版署正式列入国家"九五"重点图书出版计划的《20世纪中国学术大典》开始向权威专家组稿，我的老师林焘先生担任《语言学》卷的主编，刘坚、陆俭明两位学者为副主编。林先生通过费锦昌先生向我约稿，分配我撰写"现代汉语语料库建设""古代汉语语料库建设""汉语字频和词频研究"3个条目。费先生还特别交代，林先生要求一定不能只是材料的罗列，最好有自己的观点和点评，最后还应该有对这项学术研究发展的展望。最后的这个要求令我倍感困难，这是20世纪的中国学术大典，又要有自己的观点和点评，还需要进行学术发展的展望，怎能草率成文？

既然是老师的嘱托，我不敢有丝毫的怠慢，所以我就利用这个难得的学术喘息机会，先仔细认真地重读一遍有关文献，搜索一切我能找到的国内关于语料库的研究和成果，认真研读。在研读中我回顾了语料库在我国乃至世界走过的路，一些片片断断的总结和认识开始逐步整合，一些新的想法和思路开始萌生并逐步清晰。于是我在"汉语字频和词频研究"条目的展望中提出了："汉语字频和词频的研究将从现代向古代发展，从共时研究向历时研究发展；并且应有政府部门或研究机构定期公布每年的字频词频统计结果和新词表，与港台地区的字频词频和新词进行综合比较研究；还应对流行期刊、图书的字频词频进行年度追踪检测和研究。"在"现代汉语语料库建设"条目的展望中更是直接说出："今后的现代汉语语料库的建设将向流通语料、应用语料、双语语料、口语语料、多媒体语料等方向发展。"

在林焘先生的布置条目完成之后，我就顺势将自己的一些思考连缀成文。1998年夏，我利用参加在哈尔滨举行的应用语言学年会的机会报告了本论文集的首篇论文《关于大规模真实文本语料库的几点理论思考》，该论文从普通语言学、社会语言学的角度，对语料库的建设和建设中的相关问题进行了反思，首先是5个直接与语料库有关的问题和反思："关于语料库建设""关于交际""关于文本""关于真实文本""关于大规模真实文本及统计'垃圾'"。最后一个问题实际上已经过渡到统计的问题，所以接着是四个与统计有关的问题与反思："关于使用度与散布系数""关于通用度与t阶频度""关于流通度""关于历时流通度曲线"。论文不仅首次提出了"流通度""历时流通度曲线"等问题，也提出了交际类型的四类八种十六式，提出了必须区分共时交际和历时交际等。尤其是基于大规模真实文本的论述，已经使我走到背叛"以典范的现代白话文著作作为语法规范"这条成规的边缘。我说："语言不是静止的，语言在运用中不断地产生变化，语言的生命力就在于这种稳定中的变化。这些变化的端倪就隐藏在大规模的真实文本（无论它们是经典的还是非经典的文本）之中，甚至就隐藏在那些非规范现象里。一切新词、新义、新用法一开始总是不在约定和规范之中的,通过'对话'和'讨论',利用'已知'对'新知'作出'解释'或'纠错',新知一旦被大家接受并广为传播,最终将进入约定或规范,这就是语言发展的辩证法和规律。"我还说:"我认为一方面语言需要社会规范,一方面个人使用语言时既要符合规范又含有不规范现象,这并不矛盾。规范与发展应该是统一的。"

受到《20世纪中国学术大典·语言学》的条目式体例字数所限,一些问题和思考当时未能畅所欲言,这次算是痛快酣畅地和盘托出了。但是似乎觉得仍有意犹未尽之处,比如对流通度的论述就还觉得不够深入,那一年之后我一气呵成地发表了一系列的"思考"论文:《关于语感与流通度的思考》《关于网络时代语言规划的思考》《关于第三代大规模真实文本语料库的几点理论思考》《信息处理用语言知识动态更新的总体思考》等。本论文集的"第一部分:思考篇"中只有最后一篇《关于汉语语料库的建设与发展问题的思考》写于2003年,是应"973"计划项目工程组的约稿而写,其间已经提出了国家语言资源建设的问题。

实际上,是林焘先生的任务促使我系统而集中地重新阅读、总结、思考了20世纪中国语料库建设的主要成就。这就是构成本论文集的"第一部分:思考篇"的重要基础,同时恰好也为后来的"动态流通语料库"(DCC)的创新夯实了根基。

五

就在哈尔滨应用语言学的学术会议上报告《关于大规模真实文本语料库的几点理论思考》的同时,我邂逅了香港城市大学的老相识王培光先生,我们同时应邀做开幕式的大会报告,恰巧又同时坐在主席台上,他已经连续发表了几篇关于语感研究的文章。我会后和王先生深入讨论了语感的问题,他是从语言教学的角度来研究语言的语感能力的,他对语言运用能力和语言审析能力做了深入的分析与验证,而我当时想到的则完全是机器的语言学习、机器的"语言能力"问题。应用语言学发展到今天，本来就已经应该从单纯的语言教学研究（人的语言应用）走向人脑语言信息处理研究和电脑语言信息处理研究（机器的语言应用）两个方面，并且需要研究电脑如何模拟人脑。

回来之后，我立即调阅了我能找得到的全部关于语感研究的文献，汲取以前无暇详细关注的认知科学领域的最新成果，我把这些材料结合流通度及大规模动态流通语料库的建设来思索，有所心得。因此我在《关于语感与流通度的思考》中得以提出："我们实际上是主张建立一个动态的大规模真实书面语文本语料库。把语料库的建设和使用从静态推向动态，把文本的选择和抽样原则从分布原则推向流通原则，把对语言成分的一般性的统计分析推向对语感的推测性统计分析和验证，从而探索使电脑可以逐步获得语感并随时增强和调整语感的路径。"（张普，1999）

这时候，另一个重要的契机出现了：清华大学和北京语言文化大学联合承担的自然科学基金重点课题"语料库语言学研究的理论、方法和工具"进入验收阶段，项目的负责人是黄昌宁教授、我和孙茂松，具体操作运行是孙茂松和孙宏林两位年轻学者。结项时有8个相关报告，印发了《自然科学基金重点项目结题报告（项目号：69433010）》（内部）。黄昌宁教授做第一个报告，安排我做最后一个报告，依然要有展望语料库未来发展的任务。

此时，我已经仔细研读了戴昭铭先生的《规范语言学探索》一书，受益匪浅，并进而仔细研读了陈原先生的《社会语言学专题四讲》《陈原语言学论著》（三卷本）中的一系列相关论述；还涉猎了许嘉璐、徐通锵、吕冀平、于根元、邹韶华等先生的一系列关于语言规范化的论述。我这才注意到在我沉湎于语言信息处理的语义研究和将语言信息处理技术引入对外汉语教学领域的这近20年，我国的语言规范化研究已经卓有建树。在我承担信息处理用的有关语言文字规范研制的同时，我的语言学界的同行已经在规范理论研究上取得了重要的突破，我十分钦佩他们的成绩。

我的总结报告题为《关于第三代大规模真实文本语料库的几点理论

思考》，文章花了很大篇幅介绍自己"思考"的 3 个研究的背景："语言信息处理研究的背景""社会语言学的研究背景"和"语感的研究背景"。而在"社会语言学的研究背景"一节中我不惜篇幅地将自己过去的一些论点忝列在诸位规范化研究"大腕"之后，我开列了"1. 语言不是静止的，语言在社会运用中不断地产生变化；2. 变化与规范的关系是辩证的；3. 语言的规范化与非规范化的对立统一；4. 语言规范化工作的性质应当是对语言变化的评价和抉择；5. 约定俗成对于语言规范化的作用；6. 约定俗成和语言控制的统一" 6 个小标题，不厌其烦地引证这些观点。目的除了庆幸自己与这些行家"英雄所见略同"之外，主要是我由衷地赞赏他们的真知灼见。他们已经深刻地认识到：虽然长期以来流行的"匡谬正俗"的规范模式是功不可没的，但是规范化的主要工作是对语言的变化作出评价和抉择，应该提倡动态规范的观念，这是一种了不起的进步。

我高度评价戴昭铭教授的研究成果，我认为吕冀平先生对他的研究成就的评论非常公允，吕先生说："昭铭综合古今中外语言演变的历史和语言规范研究的得失，写出《规范化——对语言变化的评价和抉择》，从而否定了单纯匡谬正俗的规范工作模式，提出新型的动态规范观念和动态规范模式。"正是他提出的"动态规范观念和动态规范模式"中的"动态"二字犹如闪电一样触动了我的敏感神经。我无数次地阅读了戴昭铭（1998，略有修改）先生书中的这几行文字："随着研究的深入特别是随着语言文字信息处理技术的发展，以往在规范问题研究上的不足也日益暴露出来。比如在理论上，对于语言规范的实质尚未得到深入的研究和一致的理解；对于在变动不居的语言现象中如何判定规范、如何建立规范仍未摸索出一套操作性强的具体办法。"

我们"动态语言知识更新研究"的一切努力，不就是为了在变动不居的语言现象中如何判定规范、如何建立规范摸索出一套操作性强的具体办法吗？没有操作性强的具体办法，所谓"动态规范观念"就只能是一种观念，一种理想，一种追求，无法推出"动态规范模式"。我们正在探讨的不就是设法通过大规模真实文本的动态流通语料库，来动态监测语言的变化,并进一步进行语言的动态规范吗?我们认为完全自动的语言动态规范是不可能一蹴而就的,但是我们是绝对不能依靠人工来进行基于大规模真实文本(在今天语料已经以"亿"作为基本的总字数单位)的语言知识动态规范的,我们希望首先做到计算机辅助语言知识的动态规范,并逐步摆脱(这也将是一个漫长的过程)计算机对人的依赖性。

所以,黄昌宁先生叫我做的总结报告,进一步推动了我对动态语言知识更新的理论探讨。与其说我的环境和机遇一直很好,倒不如说我常常被环境和机遇推着走。

六

2000年,关于动态语言知识更新的命题得到了《语言文字应用》的副主编靳光瑾博士的认同。在我集中力量进行语义研究的时候,我曾经应她约请组织过一期"中文信息处理专题"的"语义研究"板块,写过一篇关于语义研究的《主持人的话》。这次她请我组织一个"动态语言知识更新研究"的板块。为这个板块我又写了一篇《主持人的话》,这就是本书"第三部分:理论篇"的首篇文章《语言信息处理领域的一个新的命题——主持人的话》。我在该文界定了"动态语言知识更新":

"所谓动态更新是与静态更新相对而言的。静态更新并非不更新,而是指在较长的间隔时段后不定期地更新语言知识及其规范。动态更新则是指语言随着社会语言交际的变化,在较短的时间里定期地或者即期地更新语言知识及其规范。语言知识及其规范不更新是不可能的,而静态更新已经越来越难以适应信息社会的需求,所以要研究动态更新。"

同时,我在文中也说明了:"动态语言知识更新是信息社会和网络发展的一种必然趋势。没有信息或者信息不灵不行,但是信息太多、信息爆炸也不行,多多不一定益善,过犹不及。在信息社会,人必须借助计算机和语言信息处理软件来帮助自己处理潮涌而来的信息,包括浏览、检索、翻译、分析、提取、筛选、过滤这些信息。计算机软件做这些事都离不开语言知识,最终是离不开即时更新的语言知识。"

"但是语言知识的动态更新谈何容易,叫计算机辅助人工(专家)更新都不容易,更不要说由计算机自动更新语言知识了。目前世界上一切正在尝试的语言知识动态更新的系统,不是基于人工前处理就是基于人工后处理的,完全由计算机自动更新的系统或体系还没有见到。"

"动态语言知识更新是面向信息社会、网络社会的一项战略性研究。20年前,我在《关于语言研究手段的现代化》一文中说:'我们从现在起着手努力,到2000年,能够实现语言研究的现代化,首先是研究手段的现代化,那就很不错了。'现在我愿意再说一句:'我们从现在开始努力,20年后,我们的新新新人类能够享用语言知识动态更新的各种信息处理软件,就已经很不错了。'"(张普,1980)

凭借这次机会,我自己也觉得应该将零散发表的一系列的"思考"汇总,写一篇具体一些的思考文章,也放在这个"动态语言知识更新"的板块之中,这就是"第一部分:思考篇"中早期思考的《信息处理用语言知识动态更新的总体思考》。该文论述了动态语言知识更新的必要性,提出了动态语言知识更新的总体构想,从理论体系、基本方法、系统构成等几个角度对总体构想做了大略论述,着重论述了动态流通语料库、流通度与流通度的量化、语感的量化与语感的计算机模拟、结构化的词典知识库四个方面。在这篇文章中我们首次给出《语言知识动态更新框架系统图》《大众传媒和语言知识的流通度体系结构和标记代码表》《结构化词典知识库的总体构成图》,这说明动态语言知识更新的构想已经开始进入分步实施的阶段。

七

关于控制论的引入是与受陈原先生著作的启发分不开的。

1998年,我在阅读刚出版的《陈原语言学论著》时,精读了"社会语言学"部分和《社会语言学方法论四讲》等。当时我正在写《关于第三代大规模真实文本语料库的几点理论思考》一文,社会语言学的研究背景和语言规范化研究的背景部分正是我极度关注的内容。

在精读有关部分的同时,我也通读了全书。第二卷中的《论语言工程》《论自然语言处理》《论信息量》和第三卷中的《信息与语言信息学论纲》等九篇札记引起我极大的兴趣,尤其是《语言与信息论札记》和《语言与控制论札记》两篇,更令我豁然开朗,如醍醐灌顶。

陈原(1987)先生在《语言信息学引论稿》中说:"语言信息学是传统语言学受到'信息革命'或'新技术革命'的冲击产生的一门还没有定型——换句话说,'疆界'尚未完全划清多学科交叉性学科。"他还说在信息革命或信息化时代的冲击下,"创始了并且成长了一连串多科性交叉学科,其中包括社会语言学、心理语言学、神经语言学、文化语言学、认知语言学、计量语言学、计算机语言学以及晚近偶尔出现却还未被学界普遍认可的控制论语言学或信息论语言学,或我们现在称之为语言信息学这样的边缘学科。"

特别是陈原(1986)先生在《语言与控制论札记》中所提及的"通讯和控制的时代""牛顿时间和柏格森时间""控制论最重要的观念即反馈""稳态""学习机""学习与反馈""语言和学习"使我隐约觉得动态语言知识更新的研究必须到控制论中去汲取理论,尤其是方法论的营养。维纳的《控制论》一书本来就有另外一个副标题《或关于在动物和机器中控制和通讯的科学》,这个副标题书名实在是太好了,它是那么鲜明地指引和召唤我们把学习的根须扎向那里。语言信息处理,或者说自然语言处理,不就是研究人这种高级"动物"和"机器"的语言"控制和通讯的科学"吗?"人机对话",就是要研究人的语言"控制和通讯",研究机器模拟人的语言"控制和通讯",还要研究人和机器之间进行的语言"控制和通讯"。

我的一位博士研究生李芸,以前是学习过控制论的。我交给她一个任务,就是进行《控制论》导读,导读之后大家要结合"动态语言知识更新"来谈学习的体会并进行讨论。我本人首先做了一个发言,这个发言后来在《语言文字应用》2001年第4期至2002年第1期连载,这就是本书的"第二部分:控制论篇"中的《关于控制论与动态语言知识更新的思考》一文。

在那篇文章中，我从控制论的角度重新审视动态语言知识更新的一系列问题。主要的观点有以下9个方面：

1. 关于"信息和通讯作为组织化机制"；
2. 关于"通讯和控制的时代"；
3. 关于"牛顿时间和柏格森时间"；
4. 关于"反馈"和"稳态"；
5. 关于"种族信息量的测定"；
6. 关于"本书的教训之一"和"反内稳定的因素"；
7. 关于"学习"和"自生殖机"；
8. 关于"白箱"和"黑箱"；
9. 关于"可信的程度只能到达头几位数字"。

后来，我仍然觉得意犹未尽，就决定将一些标题展开再进行论述，比如，将"5"展开写成《关于"种族信息量"的测定与语感模拟》，收录在"2003年中国人工智能学会第十届学术年会"论文集中，将"4"和"7"拓展成《关于"约定俗成"的约定俗成》。这些文章就构成了本论文集的"第二部分：控制论篇"。

但是我不能不提到关于《控制论》的学习和借鉴的又一个插曲，那就是赵元任先生《语言的意义及其获取》一文的重新发现与翻译。

八

2000年，我因为一次有关术语方面的国家标准讨论的学术会议，有幸与中国大百科全书出版社的全如瑊先生同住一个房间。全先生早年生活在燕大和清华，医学出身，学贯中外、融汇古今、兼通文理，人们形象地称他就是一部活的百科全书。对于语言学他尤其熟悉。他告诉我："20世纪与其他学科产生的交叉学科最多的就是语言学。"尽管已经70多岁，但是全先生很早就使用计算机进行辞书的编辑工作，他甚至学会了自己编程。第一天晚上，我们谈兴很浓，于我而言，我觉得全先生可以说无所不知。最后我们就谈到我正在进行的"动态语言知识更新"研究，谈到由于读陈原先生的著作，进而引入《控制论》，谈到维纳，谈到语言学与控制论的缘分。

谁知道全先生和陈原先生竟是至交，并且全先生对控制论还不是一般地了解，他告诉我，"稳态"本来就是医学里面最先提出的概念。全先生说："控制论和语言学当然是有关系的，当年赵元任先生还曾经应邀出席国际控制论大会的年会，应该是20世纪50年代初，第十届左右，而且是应维纳本人的邀请，他请赵先生在大会报告语言学问题——控制论的学术会议每次都要请不同的学科的专家报告交叉的问题——赵先生的论文是用英文写的，大概还没有中文译本。我见过此文，我家里有那次会议的论文集。可惜'文革'期间丢失了。"

听了全先生的这一席话，我简直惊呆了，愣在那儿半天，好在我们是关了灯躺在床上进行夜话，谁也看不见谁。那一夜我们谈到凌晨3点。我不仅惊叹全先生的博学，博闻强记，我更惊叹我们的老一辈的语言学大师赵元任先生早在差不多半个世纪前就关注了控制论和语言学的关系！后来看到赵先生的文章，才知他在当年就已经谈到"翻译机器"，谈到"两种媒体（画面和声音）"，谈到"经验""内省"和"语境"，谈到建立包括颜色、图形、气味、时间、方位等分类体系的"意义的中央博物馆"（那不就是语义库或概念体系或今天IEEE的标准上层知识本体"SUMO"的雏形吗？）。

我决心要找到赵元任先生的这篇文章，叫我的博士研究生翻译出来，并当即邀请全先生给我的博士研究生开一门发散型的课"语言·文化·知识"，这门课后来如期开设，还进行了全程录像。

查出赵先生的那篇论文还要感谢中国语言信息处理界的语义派的奇人——中国科学院声学所研究员黄曾阳先生。2002年春，我和他一同应邀参加在上海交通大学举办的"第一届中文信息处理发展国际研讨会"。我们在一次进餐时的闲谈中，我又谈到动态语言知识更新，谈到《控制论》，谈到维纳邀请赵元任先生出席控制论的国际会议，他沉思了半响，说："这完全可能，维纳早年曾经在清华执教，那时赵元任先生也在清华，他们有可能相识，后来维纳回美国，赵先生也去了加利福尼亚。可以到科学院的图书馆查一查这本会议论文集。"这位也是融通文理的专家，一番话同样也令我惊喜不已。真是学无止境，三人行，必有我师焉！

后来我的博士研究生王强军（原文科硕士）果然从科学院查到了这本论文集并复印了赵元任先生的原文。他和李芸博士（原理工硕士）一文一理共同翻译，他们的译文有幸得到全如瑊先生在高级翻译课上的悉心指教，又蒙赵世开先生于百忙之中认真校译，其间又经陈原先生指点。如果译文还能将赵元任先生的本意准确表达出来的话，首先要感谢几位前辈的无私帮助。在得到美国版权单位授权和赵元任先生的后人赵新那女士同意并修正后，译文正式发表。王、李两位博士还合写了一篇读书心得，加上我的那篇《关于控制论与动态语言知识更新的思考》，以及我又写了一篇《主持人的话》，作为一个"控制论与语言学"的板块，一起发表在《语言文字应用》杂志上了。

九

随着一届届博士研究生的入学，"动态语言知识更新"研究开始进入实质性推进阶段。从进入新世纪以来，隋岩博士就不断下载语料，他选择报纸语料作为"动态流通语料库"建设的突破口。开始是下载10种发行量最大的报纸，这是从发行量排在最前面的100种报纸里，综合参考其他因素选取的；后来，又增加到15种。这15种报纸是：

《北京青年报》　《北京日报》　《北京晚报》　《法制日报》
《光明日报》　　《环球时报》　《今晚报》　　《经济日报》
《南方周末》　　《人民日报》　《深圳特区报》《新民晚报》
《羊城晚报》　　《扬子晚报》　《中国青年报》

在取得这些报纸的授权之后，我们确定首先进行中国报纸十大流行语的研究与发布，同时也将术语（首先是IT术语）的提取研究、字母词语在报纸媒体考察研究、动态汉字频度和流通度研究等提上议事日程。

一旦我们真的将动态更新的语言观察和分析提上议事日程，一个不能回避的理论问题也就现实地摆在我们面前，即：什么叫历时语言学？什么叫共时语言学？索绪尔的历时语言学中的"历时"怎么定义？换句话说，我们今天观察语言近期之内的变化，是不是对语言进行的"历时"的研究？如果是历时，怎样解释索绪尔《语言学教程》中动辄几百年或跨越数世纪的历时变化的例子？怎样解释自"五四"运动或白话文运动以来都属于一个共时平面的现代汉语？如果不是历时，又怎样看待今天语言与时俱进产生的一系列变化？由于现代科技的加速度发展，由于现代大众传媒的传播速度和广度日新月异，特别是电视、网络、手机（短信）的迅速普及，都加快了信息在大众领域的传播。在信息爆炸的当今，语言数年间的变化，显然比过去数十年、数百年的变化都大，索绪尔的学说或者理论能不能突破？

实际上，语言研究的时间观问题或者说语言研究的方法论问题，一开始就是我们关注的焦点。我们在1997年就仔细阅读了刚刚出版的徐通锵先生的《语言论——语义型语言的结构原理和研究方法》（简称《语言论》，下同），这是季羡林先生主编的《中国现代语言学丛书》之一。我们注意到了在这本书中徐通锵教授关于语言研究的时间观的论述。我们的"动态语言知识更新"的第一篇论文《关于大规模真实文本语料库的几点理论思考》，在开头的"关于文本"一节，就引用了徐通锵先生《语言论》中的话："时间观是语言研究方法论的一个重要基础，要改进语言理论的研究，如仍旧保持索绪尔的时间观，那是不会有什么成效的"，"索绪尔的语言理论就是建立在他的共时时间观的基础上的"。在我的文章结尾"关于历时流通度曲线"一节中，我们就提出"实际上，我们也可以把历时流通度看作语言现象在流通时间中的一种分布或散布，这就是语言研究时间观的改变。今天语言现象在某些方面的变化和测查手段的更新已经允许我们进行这种时间观的改变"。

语言研究的时间观这个理论问题或方法论问题时刻都在我们心头萦绕。2001年，我们在《关于控制论与动态语言知识更新的思考》一文中，谈到"关于'牛顿时间和伯格森时间'"时，再一次引证徐先生的这句话，我们认为："语言的活动方式符合生命活动的基本方式，语言的时间应该是伯格森的进化论与生物学的时间。"我们还说:"我们恰恰也把第三代语料库视为类似是有生命的东西。我们认为第三代语料库应该是动态语料库,是历时语料库,是活语料库。"我们非常赞同并曾经引用过徐通锵先生关于语言研究的时间观(参见徐通锵先生的《语言论》),并提出一种我们的相对时间观。即"就语言的发展而言,历时中包含有共时,共时中包含有历时"。只是限于篇幅和那篇文章的中心议题,这个观点我们没有展开,但在附注中我们已经说明:"这一观点我们还会另文论述。"实际上那时候我们自己也觉得还没有想得太成熟。

后来,我们注意到香港城市大学的中文五地区共时语料库,虽然他们叫"共时语料库",但是他们也仍然对一些语言现象进行"历时"的统计分析,如:他们观察了内地的移动通信怎样在几年的时间中从"大哥大"到"手提""手持"等,最后统一为"手机";怎样从多数人使用"互联网"变成了多数人使用"因特网";等等。

我们也注意到像"伟哥""疯牛病""基因组""基地组织""APEC""WTO""申奥""千年虫""9·11"乃至2003年的"非典""疑似""神五"等新词语,几乎是一夜之间就传遍了全中国甚至全世界。现代大众传媒早已经不是索绪尔时代的传播模式,它以无可匹敌的力量瞬息间将信息覆盖全球,所以有"现代传媒帝国"之谓。

2002年,"首届社会语言学国际研讨会"在北京语言大学召开,主办会议的曹志耘教授邀请我参加此次会议,我在会议上发表了论文《论历时中包含有共时与共时中包含有历时》,该文2003年正式刊发于《语言教学与研究》。

在该文中我们主张:"既要观察语言的共时状态,也要观察语言的历时状态,这样的观察才是全面的观察。共时状态是语言的空间态,历时状态是语言的时间态,从时间与空间的双重状态来观察分析,才是全方位的,从物质世界的宏观研究到微观研究,无不如此。有结构系统,就有关系,就有空间态;有沿革过程,就有历史,就有时间态。就语言而言,语言的时间状态和空间状态都是客观存在着的,而语感则是使用语言的人基于言语经验对语言的正确与否、得当与否的一种感觉。索绪尔认为语言的共时状态是历时状态的某种投影，我们认为，语感是语言的全部客观存在的'投影'，是一种心理投影，就是人们对语言的空间状态和时间状态的一种内化的把握，是对语言的空间感和时间感的认知。空间感是对要素与关系的感觉，或者说，是对语言的理据性的感觉；时间感是对要素与关系的流通度或者说是成熟度的感觉，如通常我们所说，是对'约定俗成'程度的感觉。"

说到创新，这一篇文章是26篇文章中唯一有一点理论探讨的文章，是站在索绪尔大师的肩头，分析今天的语言发展变化的情况——这些情况是他当年并没有见到过的。这篇文章就构成了本书"第三部分：理论篇"的核心，也是全书的核心。

十

2001年，为了更好地推进动态语言知识更新的应用研究，也为了扩大动态流通语料库的影响，在从事动态语言知识更新研究的博士和硕士生达到一定数量的基础上，我们建立了"DCC博士研究室"，DCC就是英文Dynamic Circulating Corpus（动态流通语料库）的缩写。研究室每周有一次DCC相关研究的讨论，同学、老师、外请的专家学者都可能是主报告人，这一讨论课持续至今，大大推进了动态语言知识更新的研究。

2002年，动态语言知识更新的研究在隋岩等博士的具体推进下，有了较大的进展。隋岩博士提出"有效字符串"的研究，虽然还没有能推进到拿出完整的词语表的阶段，但是基于全切分的做法可以有效地检索到任何最新的词语串。

"DCC博士研究室"的研究特别是隋岩的研究很快受到业界的关注，商务印书馆、中国大百科全书出版社等都是最早关注这项研究的单位。时任商务印书馆词典编辑室主任的周洪波先生，第一个采用了隋岩的研究成果，将其用于新词语词典的编纂，"动态语言知识更新"的研究成果的首次应用使"DCC博士研究室"的成员受到鼓舞。

我们决定进一步推进十大流行语的跟踪与发布研究，一方面当时社会上许多人关注每年的十大流行语的发布，连美国和日本的十大流行语的发布都引起国人的注意；一方面从媒体用语的统计分析中选择有限的流行语条数发布，我们的技术已经可以支持。举行十大流行语的发布活动，技术简单又吸引人们的眼球，在动态语言知识更新的研究很难得到科研项目经费支持的前提下，我们决定尝试以发布十大流行语来争取商业运作的经费支持，不然历时的研究就可能难以为继。

这项决定得到中国中文信息学会副理事长及秘书长曹右琦和中国新闻技术工作者联合会副理事长及秘书长华绍和的支持。2002年9月，北京语言大学和这两家学会举行了"中国主流报纸十大流行语跟踪与发布研究"的启动仪式，当时，我们将研究与发布的宗旨定位为：科学、权威、持续、深入、全面。首次的发布活动得到了胡明扬、陆俭明、王宁、侯精一、赵世开、俞士汶、董振东、王铁琨等语言学家和计算语言学家的支持。从第二次发布起，十大流行语开始每年发布两次，7月发布本年度春夏季的十大流行语，次年1月发布上一年度全年的十大流行语。至今，这一发布活动已连续进行了11次。发布活动越来越受到社会各界的重视，从第五次发布开始，国家语言资源监测与研究中心平面媒体分中心加入作为新的合作发布单位。中国主流报纸年度流行语的发布确实引起了社会各界的重视，也提升了业界对动态语言知识更新研究的关注。每次的发布，国内外平面、有声、网络等各种媒体均集中报道和转载，中央电视台"央视论坛"做过专题采访、《中国青年报》等报纸做过整版专题、中央电视台国际频道、《中国术语研究》《学汉语》《中国语》（日）、《消息报》（俄）和搜狐网站等一系列报纸、期刊、网站等都做过专题评论甚至专题衍生产品。

在流行语发布活动的带动下，主流报纸字母词语的考察研究、IT术语的考察与研究、商务术语的考察与研究、新词新语新义的提取与考察等一系列对语言的动态更新部分的历时研究，差不多齐头并进展开。多数的基于DCC的应用研究，后来都成了同学们的硕士和博士论文选题，这正是我高兴看到的事情。在此期间，为了组建专题论文组并综合相关内容，或解答流行语发布中记者们的问题，我撰写并发表了一些独立的文章，如《流通度在 IT 术语识别中的应用分析》《基于 DCC 的流行语动态跟踪与辅助发现研究》《"突发事件"专题解读——兼评"2004 中国主流报纸十大流行语"发布》《2005 新增"教育类""安全专题""联合国专题"解读——兼评"2005 春夏季中国主流报纸十大流行语"》《字母词语的考察与研究问题》等。这些文章共同构成了本书的"第四部分：应用篇"。我的学生们写的更多的应用文章，我不能掠美，本书也不能涵盖，已经决定由他们编成另外一集，名为《DCC 博士研究室的应用语言研究》。

动态语言知识更新研究主要得益于我的博士和硕士研究生们的推进。首次的流行语的发布在隋岩博士被派赴韩国教学后，杨尔弘博士接替了他继续进行流行语的提取研究，史艳岚、李芸、王强军、甘瑞瑗、杨建国、郭惠志、郑泽芝、刘华等博士参加了首次十大流行语的研究和发布，北京语言大学网络教育学院的技术服务部、网络编辑部、教学业务部和院办公室都参与组织了全国的预投票和网络点击投票，这部分工作受到当时网络教育学院副院长赵冬梅的支持和协助。

1999 年，我任语言信息处理研究所所长，同时开始参与筹建学校的计算机系、教育技术培训中心和网络教育学院。在新任党委书记王路江和校长曲德林的支持与领导下，2000 年，计算机系、教育技术培训中心、网络教育学院都先后成立，我兼任了培训中心的主任和网络教育学院的常务副院长。2002 年，网络学院已经招收了四个专业的两届 3000 多名学员，课件、数字化平台、适应数字化网络教学的师资和管理队伍都不可能一蹴而就，我必须倾尽全力抓好网络学院的远程教育。《关于现代远程教育的十个不成熟》《关于网络语言教学的十大难题》《关于网络教育学院的"九死一生"》，都是我那时绞尽脑汁思考、总结和研究的核心，这些已经令我倍感心力交瘁，根本无法全力顾及我的博士生和继续深入进行动态语言知识更新研究。2003 年春，"非典"前夕，学校决定将网络教育学院与继续教育学院合并，我得以有机会离开了北京语言大学网络教育学院。时任党委书记王路江对我说："你集中力量多给咱们培养一些优秀人才。"应我的请求，校长办公会决定成立应用语言学研究所。（我们学校的唯一国家级重点学科和博士点是"语言学及应用语言学"，而此前学校只有语言学研究所，没有应用语言学研究所。）

虽然应用语言学研究所人员不多，并且也是一班人马两块牌子（另一块就是教育技术培训中心），但是有了符合学科建设的机构名称，DCC博士研究室置于其下，研究方向、研究人员、研究课题以及研究人才的培养都有序化，我又一次获得了集中精力研究动态语言知识更新和培养梯队与学生的最佳时机。

2004年，在教育部语信司司长李宇明、副司长王铁琨，北京语言大学副校长崔希亮的支持与领导下，教育部与北京语言大学共建的"国家语言资源监测与研究中心平面媒体分中心"很快就成立了。6月30日，教育部袁贵仁副部长和北京语言大学党委书记王路江共同为国内第一个对语言进行动态监测的中心揭牌。

于是，我们的同一班人马又有了第3块牌子。由于中心共建双方启动经费和后续专项经费的下拨，由于中心监测任务的鞭策，也由于后续建立的国内其他分中心的促进，动态语言知识更新研究又开始进入了一个良性发展的新时期。

所以，我还是要说：也许我的机会和运气一直很好。

十一

2005年，教育部语信司与高等院校又陆续共建了国家语言资源监测与研究中心的另外四个分中心，加上北京语言大学的平面媒体分中心，在教育部一起举行授牌仪式。这就是：与北京语言大学共建的"国家语言资源监测与研究中心平面媒体分中心"；与中国传媒大学共建的"国家语言资源监测与研究中心有声媒体分中心"；与华中师范大学共建的"国家语言资源监测与研究中心网络媒体分中心"；与厦门大学共建的"国家语言资源监测与研究中心教育教材分中心"；与暨南大学共建的"海外华语媒体语言资源监测与研究中心"。

2006年，教育部举行新闻发布会，发布了国家语言资源监测与研究中心的平面媒体、有声媒体、网络媒体三个分中心对2005年中国主流媒体用字和用词语的共同监测结果，其结果作为《中国语言生活状况报告2005》（下编）由商务印书馆出版发行。2007年，三家分中心对2006年的中国主流媒体的用字、用词语又进行了新一轮的持续发布；平面媒体和有声媒体分中心还联合发布了2006年的十大流行语。

动态语言知识更新的研究在2007年得到更进一步的发展。

DCC对于语言的历时应用研究已经从主要监测语言的动态变化部分，推进到监测语言的稳态部分，从某种意义上说，这可能是更重要的一种监测。稳态，是控制论中最重要的最核心的概念，稳态的术语本来自医学，人体就是一个复杂的稳态系统。语言的稳态，是语言的常态，这样语言才能作为交际工具服务人类社会；语言的动态变化，是语言的非常态，但是随着人类科学技术的发展，随着国际化一体化多元化的趋势加快，非常态的变化加大、加速、加强，变得越来越突出和重要，及时跟进非常态的变化和作出对非常态的反应，作为交际工具的语言才能更好地为现代社会服务。就汉语而言，变化最快的是词语层面，但是词语层面也有稳态部分，这就涉及词语的通用部分、常用部分、一般部分，甚至基本部分的研究。

实际上DCC博士研究室对词语的稳态部分的研究可以说是从史艳岚博士开始的。她毕业于2006年，她研究的是与报刊阅读和热门话题两门课程有关的"主题词语"的自动提取问题，但是涉及如何从词表中删除"通用词语"和"共享词语"。通用和共享已经和稳态有关，但是她关注的焦点毕竟还不是稳态，而是主题和热门，基本上属于非常态。真正专门研究词语的稳态也就是常态部分的是2007年即将毕业的赵小兵博士和韩秀娟。我们提出通用词语的界定涉及"三通"，即：（学科）领域通用、地域通用和时阈通用。赵小兵博士改进了通用度的计算公式，提取通用词语，并且将相对时间观在操作上落实。在通用词语的基础上，她又采用遗传算法研究和提取基本词汇。韩秀娟则在赵小兵和史艳岚研究的基础上，进一步考察通用词语、基本词语的用字及其字、词、语的关系，甚至考察到基本部件和字、词、语的关系，以期更好地服务于语言教学，这更是在历时环境下对语言从汉字部件到字、词、语的稳态部分的考察。当然，这些也仍然是对现代汉语字词语的稳态考察的发端而不是终结。于是，我又在《论国家语言资源》的基础上，计划再写《论国家语言资源监测》《关于黑箱、白箱与大众语感》《论稳态》等等。这样看来，目录还要加，写了5年的前言还要修改。

在动态语言知识更新的理论研究基础上，面向语言教学特别是以汉语为第二语言的教学的应用研究也在推进。这个新的数字化的DCC基础研究，使得语言教学进一步走向实用化、精准化、个性化。比如，甘瑞瑗博士提出的动态更新的国别化（以韩国为例）词语教学大纲的研究、史艳岚博士的动态更新的实用化课程（以报刊阅读和热门话题为例）资源库研究、吴志山博士的动态更新的企业化（以面向世界500强为例）网络课程平台研究等等都已经完成或正在进行。关于这方面，我已经发表了《多媒体语言教学光盘与语感能力》《当前远程对外汉语教学课件制作的有关问题》《"环球汉语"（Globel Chinese）的总体设计原则》《21世纪——数字化对外汉语教学的新时期》《面向国际大型企业职工的汉语培训模式与网络版课程的讨论》等文章，想要写的还更多。这还只是在语言教学一个方面的应用，DCC所支持的文本内容的信息提取（杨尔弘博士）、文本的自动分类（刘华博士）、流行语释义信息的提取（谢学敏博士）、句法歧义的深入分析（郭惠志博士）等语言信息处理方面的应用还不算，而基于自然语言理解方面的应用本来是我多年从事的研究的主要方向，该写的应用文章应该更多。这样看来，仅仅是"第四部分：应用篇"就得单独结集出版才行，甚至应用研究也不是一本书就可以涵盖得了的了。

这样延续等待下去，本书就永远不可能结集出版了。

十二

我目前的健康状况,确实不再允许只争朝夕。再争下去,就会朝不保夕。

但是,不争朝夕,绝不是止步不前,只是需要"稳态"。要用稳态作为常态来代替过去的非常态。所以,在矛盾中,最后决定还是暂时收篇,结束《前言》,将文集出版。按照控制论,稳态,是健康态,稳态前进,是健康前进。我们得学会自我"控制",你不能在朝夕之间做太多的事,世上自有后来人,让后人去做,会做得更好。

现在,国家语委的领导已经高度重视语言动态更新研究。他们更站在历史和全局的高度,规划新时期的语言文字工作,为构建国际化和多元化背景下的和谐语言生活作出努力。为此,他们正在全力推动和深化应用语言学的研究,推进国家语言资源监测中心整体建设,编纂中国语言生活绿皮书和一系列与社会现实紧密结合的语言文字应用出版物。DCC 所做的工作,仅仅是其中的一小部分,甚至只是一个开局而已。本书所收集的论文,也就是这个开局的阶段性粗浅回顾。今天,已经有越来越多的单位和专家学者,特别是年轻人投入了动态语言知识更新的研究和国家语言资源监测与研究的事业,这是多么值得高兴的事情。我现在还不是"沉舟",但是至少已经成为"病树",看到百舸争流和万木争春的景象,极为欣慰。

让我们回到《前言》开头的"天地化成万物"的故事。

我愿重复本《前言》开头的这段话:"我愿将这集子出版,一方面想说明:创新之树的生长,首先靠内因,当然自己要努力,根基重要、吸收重要、方向重要。另一方面也想说明:一要靠地帮忙,哪里有水、有土、有营养,根就往哪里扎;二要靠天帮忙,祈求风调雨顺,没有旱涝虫瘟。借助天地的力量,可以'化成万物'。天时、地利、人和常常带有机会和运气。

"我要借写《前言》的机会说明:也许我的机会和运气一直很好。"

谢谢前辈、同辈和后辈;谢谢上级、同事和下级,你们就是我的天和地,就是我的机会和运气!

新春之际,祝愿大家都有协调的上级、同事和下级,都有亲切的前辈、同辈和后辈,人脉兴旺,社会和谐。愿大家都天地人和,一生的机会和运气都好。

但是要记住:稳态就是健康,稳态才会进步。

共勉!

张　普

2008 年 2 月 14 日

于北京

捌　基于动态流通语料库的语感模拟和新词语提取研究

一　关于动态语料库

1. 什么是语料库

语料库（corpus）：是文本的有序集合，是各种分类、检索、综合、比较的基础。近20年以来，基于语料库的统计分析研究越来越多，这种统计研究被称为是经验主义的，与理性主义相对而言。我们认为：理性主义说到底也是经验主义，是使用语言的个人的一生的语言经验的积累，不过这不是本文要讨论的任务。语料库依据不同的标准可以有不同的分类：平衡语料库与平行语料库、通用语料库与专用语料库、单语语料库与双语或多语语料库、共时语料库与历时语料库等。进入20世纪90年代，国际计算语言学界向大规模的真实文本处理和研究转移，语料库的建设和研究更加走热，至20世纪末，超大规模的语料库开始出现，语料库的规模超过亿级，基于网络的语料库研究和语料处理也开始受到重视。语料库的深加工所涉及的标准和规范研究、基于语料库的信息加工、检索、提取、过滤、翻译、评测等一系列的研究成为热门的课题，同时，也向语言的应用研究和理论研究提出了日益繁多的新的带有挑战性的研究项目。

2. 什么是动态语料库

　　动态语料库是历时语料库,它与静态语料库和共时语料库相对而言,这种语料库的语料是与时俱进、不断更新的,基于对这种语料库的统计分析,可以观察到语言现象的发生、发展、消亡,是对语言的变化进行检测和监测的语料库。

　　所谓动态更新是与静态更新相对而言的。静态更新并非不更新,而是指在较长的间隔时段后不定期地更新语言知识及其规范。动态更新则是指语言随着社会语言交际的变化,在较短的时间里定期地或者即期地更新语言知识及其规范。语言知识及其规范不更新是不可能的,而静态更新已经越来越难以适应信息社会的需求,所以要研究动态更新。

　　我们从进入 21 世纪开始建立"动态流通语料库",语料库由 DCC 博士研究室建立和管理,迄今已经积累了十多亿语料。该语料库的特点就是：A.语料的动态性；B.语料的流通性（下面要细说）。我们认为,看一个语料库是否是历时的动态的,有以下四条基本的标准：

　　（1）语料库的语料是否是动态的；
　　（2）语料库的文本是否具有量化的流通度属性；
　　（3）语料库的加工方法是否是动态的；
　　（4）语料库的加工结果是否是动态的。

3. 为什么要建立动态流通语料库

　　今天,语言知识更新的速度和幅度是过去难以想见的,就以 2004 年的这几个月来的新词语而言,以下这些词语是大家记忆犹新的：高致病性禽流感、H5N1、扑杀、叮当村、群死群伤、公投、修宪、勇气号、发现号、高官、蓝绿阵营、虐俘、虐囚、佛指舍利、月球机器人、冬眠手机号、CBD 核心地带、超五星级酒店等等。

　　下面是香港城市大学的中文五地区共时语料库的词语消长的统计结果,见表 8.1：

表 8.1　专有名词增长（%）
（LIVAC Linguistic Variation in Chinese Speech Communities）

项目	消失 Y1-Y2	新增 Y1-Y2	消失 Y2-Y3	新增 Y2-Y3
人名	76	79.2	76.2	77.5
地名	58.2	61.5	60.3	59.8
机构名	60.5	66.9	66.1	66.3
其他	36	36.5	55.9	36.7
平均	57.6	61	64.6	60

注：Y1 = 7/95—6/96；Y2 = 7/96—6/97；Y3 = 7/97—6/98

从这里我们可以看到，新的名词的增长和旧的名词的消亡平均每年都有约 60% 的比率。而且，产生变化的不仅仅是专有名词，其中还包括"其他"类的新词语。值得指出的是这是依使用汉语的五个地区的新闻类语料 1995—1996 年、1996—1997 年、1997—1998 年三个年度的统计结果，说明无论从时间看还是从空间（地域）看变化的速度和幅度都是有代表性的。

我们曾多次引用过下面的数据：

据联合国教科文组织的统计，人类近 30 年来所积累的科学知识占有史以来积累的科学知识总量的 90%，而在此之前的几千年中所积累的科学知识只占 10%。英国技术预测专家詹姆斯·马丁的测算结果也表明了同样的趋势：人类的知识在 19 世纪是每 50 年翻一番，20 世纪初是每 10 年翻一番，70 年代是每 5 年翻一番，而近 10 年大约每 3 年翻一番。技术领域里的知识老化与更新的速度更快。

我们说这一代人与上一代人之间常常会产生"代沟"，代沟首先是语言沟，他们说的话，他们关心的事，他们的心理活动，你不懂了。他们是"E"代、是"愤青"；他们喜欢"蜡笔小新""脐装""AA 制""星巴克"；他们要"美体修形""人体彩绘""写真""考研""北漂""海龟（海归）""海带（海待）"；等等。如今的世界，生理年龄的"代"在延长，而语言年龄的"代"在缩短，你感叹听不懂他们说的话，而他们却已经嚷着听不懂弟弟妹妹（注意：不是下一代）的话了。

为了使我们认识到研究语言动态更新的必要性和重要性，我们必须改变这两种观点。

3.1 改变我们的现代传媒观

什么是现代大众传媒？通常认为有六种传统大众传媒：三种书面大众传媒，即报纸、杂志、图书；三种语音大众传媒，即广播、电影、电视。网络作为"大媒体"，因其能将六种传统大众媒体的内容上网，并具备独特的传播物，我们将其视为第七大众传媒。在美国，网络也常被称为"大媒体"。前几年我说手机有可能成为第八大传媒，现在我们则说手机已经从个人通信工具走向第八大众传媒，从手机可以发短信、彩信和上网开始，手机就开始具有大众传媒的功能了。现代大众传媒的传播方式是什么？其中最重要的方式就是能在瞬间将消息发送到全世界。2003年3月18日，德国和中国香港中文大学的实验室用电子显微镜拍到了一种病毒。5分钟之内，该病毒的照片就通过网站发布出来，以供其他实验室的科学家参考。3月21日晚上，香港大学的裴伟士又向"全球病毒实验室"各成员发了一个电子邮件，宣称从患者组织中分离了一种病毒——冠状病毒。很快这项实验在美国、加拿大等其他成员实验室中重复出来。这就是现代大众传媒的传播速度和传播广度。"9·11"事件发生时，凤凰卫视立即抓住，实时报道，捕捉现场，连线全世界，24小时全程追踪报道。不仅是速度上争分夺秒，24小时连线全世界的全天候、全程化、全球化的"三全"传播方式同样使语言的传播随之"提速""加急"和"升级"。现代大众传媒还利用自己对公众的影响力，透过新闻评论，或者就是透过媒体，将消息的某一点放大或缩小，语言的流通度也随之得到有效提升。这样索绪尔基于他的时代的传媒特点，基于对中世纪的靠人的口耳相传的语音传播规律研究，得出的3—5个世纪带来的历时变化，就有可能在现代大众传媒面前显得过时了。今天现代大众传媒带给语言的变化，特别是词语和意义的变化，何必要等三五百年，简直必须年年更新，甚至可谓日新月异，分秒必争了。

3.2 改变我们的语言时间观

我们当然是主张既要观察语言的共时状态，也要观察语言的历时状态，这样的观察才是全面的观察。共时状态是语言的空间态，历时状态是语言的时间态,从时间与空间的双重状态来观察分析,才是全方位的,从物质世界的宏观研究到微观研究,无不如此。有结构系统,就有关系,就有空间态;有沿革过程,就有历史,就有时间态。就语言而言,语言的时间状态和空间状态都是客观存在着的,而语感则是使用语言的人基于言语经验对语言的正确与否、得当与否的一种感觉。语感说到底就是人们对语言的空间状态和时间状态的一种内化的把握,是对语言的空间感的认知和时间感的认知。空间感是对要素与关系的感觉,或者如我们常说的,是对语言的理据性的感觉;时间感是对要素与关系的流通度或者说是成熟度的感觉,如通常我们所说,是对"约定俗成"程度的感觉。

由于现代大众传媒的变化,我们基于索绪尔的共时时间观和历时时间观,提出一种相对时间观:历时中包含有共时与共时中包含有历时。这是从哲学角度、相对论的角度提出的命题,也只有这样我们才能发布关于一年之内或者更短时间的历时观察。香港城市大学曾经多次基于五地区汉语共时语料库,进行过对"大哥大""手机"等,"互联网""因特网"等,"非典""SARS"等的使用消长观察统计报告,这是典型的"共时中包含有历时"研究,而我们基于DCC动态流通语料库(历时语料库)进行的2002年、2003年流行语发布,2002年字母词语考察研究等都是典型的"历时中包含有共时"研究。

二 关于流通度

1.什么是流通度

什么是"流通度"呢?我们曾经说过:"流通度是人们对一种语言现象的流行通用程度的感觉,也就是所谓语感。流行通用程度高,听得多,就感觉能说,否则,就觉得不能说。"(张普,1999)后来我们又进一步补充说:"'流通度'(circulation)是一种语言现象在社会传播中的流行通用程度。流行通用程度高,人们的视觉、听觉已习惯于接受,就感觉能说,否则,就觉得陌生,不顺畅,不能说。语言的流通度与社会传媒的流通度密切相关。"(张普,2000)

流通度不仅是判定新词、新义、新用法的重要条件,也是判定方言词语、术语、文言词语、外来词语是否进入普通话、是否进入通用领域、是否符合规范的极具效力的量化操作标准。这样看来,语料的流通度的选择(首先是社会传媒的流通度的选择),就显得十分重要。

2. 流通度与频度、使用度、通用度

"频度"仅仅是关于汉字或词的出现次数的统计,也叫词的出现频率。如果将某一个词的出现次数与总的词次相比,可以得到这个词的"覆盖率"。

"使用度"(usage)是自外语中引进的概念,是依据该词语词次以及在不同的语料类和不同的文本中的分布三方面因素计算出来的,也就是说增加了词语的散布系数,使用度是在频度的基础上计算的,但是比频度更合理。例如:"提纲"和"哨棒"的频度一样,都是13,显然与我们的语感不合,但是分布在3类8篇的"提纲"比只出现在1类1篇的"哨棒"的使用度高,就已经接近我们的语感了,见表8.2。

表 8.2 频度和使用度举例

	频度	使用度
提纲	13 次	3 类 8 篇
哨棒	13 次	1 类 1 篇

"通用度"是指词语在语言应用的各个领域里常用性的综合指标。通用度已经兼顾到词语的分布率和频率两个方面,并且把两者有机地结合起来。例如:按照频度自高到低排列的"猿人""花园"和"欣赏",其通用度的排列顺序恰好相反,见表8.3。

表 8.3 频度和通用度举例

	频度	通用度
猿人	52 次	10.4
花园	40 次	23.7
欣赏	35 次	33.9

"流通度"首先是关于媒体的属性,是关于媒体的真实流通的一些量化的标准,比如:媒体的发行量、发行周期、发行地区、阅读率等等,这些都和刊载于该媒体的文本的流通度有关。除此之外,影响到文本的流通度的因素还会有版面、版面中的位置、标题字号、是否通栏等等。这样流通度就不仅考虑到文本的领域散布、时间散布,更考虑到文本的真实流通因素,例如:显然一个词语出现在一个印刷1000本和印刷100万本的媒体上的影响力是根本不一样的。

所以流通度与频度、使用度、通用度是既有关系也有区别的。就词语而言,从频度、使用度、通用度到流通度的量化依据,在词次、文本散布系数、时间散布系数和文本流通度测量方面,正好是不断增加的关系,见表8.4:

表 8.4 流通度与相关概念的关系

	重复次数	文本散布系数	历时散布系数	文本流通度
频度	+			
使用度	+	+		
通用度	+	+	+	
流通度	+	+	+	+

3. 流通度的计算

流通度要考察语言在社会交际中的真实使用情况,流通度有自己的计算公式。决定语言的流通度的主要因素仍然是语料库的选材,选材不仅要考虑静态的分布、散布,还要考虑这以外的动态因素,即要考察所选文本的发行量、发行周期、发行地区、阅读率等等。这些与社会语言学有关的因素都决定着文本是否真实流通,我们认为所谓"真实文本"的最重要最核心的问题是文本的"真实流通"。

目前我们的 DCC 动态流通语料库主要在进行报纸媒体的语料加工,流通度用 Ct 表示。我们主要考虑了发行量、发行周期、发行地区、阅读率等因素。最粗略的流通度计算公式是:

媒体的发行量:流通量(the volume of circulation)用 Vc 表示

媒体的发行周期:流通密度(the density of circulation)用 Dc 表示

媒体的发行地区：流通空间（the area of circulation）用 Ac 表示

媒体的阅读率：流通率（the frequency of circulation）用 Fc 表示

计算公式：Ct=Vc·Dc·Ac·Fc·…

即：流通度＝流通量 × 流通密度 × 流通空间 × 流通率 ×…

三　关于语感模拟

我们曾指出："语感（intuition）是对语言运用正确性、优劣程度及常规与特殊区分的一种直觉，或者说就是对一种语言现象流行通用程度的感觉。语感能力是一种最基本的语言能力，是对表述得正确不正确（即'信'）、顺畅不顺畅（即'达'）、恰当不恰当（即'雅'）的一种直观的认识能力与审析能力。""语感是一种'度'，一种'分寸'。实际上就是对信达雅的程度感，对于语言运用的分寸感。因此，语感一定是可以量化的，可以计算的。"这个观点是绝大多数研究语感的学者的共识，无论他们是从语言学的角度还是从教育学、心理学、认知科学的角度去认识，大都会这样来定义语感。但是提出语感是可以量化，可以计算的，目前却只有我们一家。当然大家未必都同意这样的判断，或者说目前大家还看不出计算语感的可能性。每个人都有自己的语感，语感来自自己的语言实践，所以没有两个人的语感完全相同，所以语感是个"黑箱"，不好测，不能测。

我们将语感细分为："个人语感"和"公众语感"，"共同语感"和"差别语感"，"共时语感"和"历时语感"，我们要测量的是历时的、公众的、共同语感。

我们已经知道，"流通度"是一种语言事实在社会交际中的流行通用的程度。人们对一种语言现象的流行通用程度的感觉，也就是所谓语感。流行通用程度高，听得多，习惯成自然了，就感觉能说，否则，就觉得不能说。"语感"处于似有似无或不高不低之间就"拿不准"。

如果我们能够对某种语言事实进行"流通度"的测量，得知这种语言事实在社会中流行通用的程度，这种"度"也就代表了所有操这种语言的人使用该语言成分的情况，对这种"度"的感觉就是语感。我们发现:"度"的高低刚好与语感代表的人是"大部分"还是"少部分"成正比，因此，测到了大众传媒的"流通度"也就大体测到了大众的语感。

我们的看法是：所谓语感，无论是个人语感还是公众语感，都类似于一个"黑箱"。社会组织和其每一个个体是如何依据话语"通讯"经验的积累来获得语感能力，如何约定俗成地实行语言"控制"，我们目前是无法看到的，也无法测量，无从进行量化分析；但是"出版物（包括书籍和报纸）、无线电、电话网、电报、邮递、剧院、电影院、学校、教堂"等这些"取得、使用、保持和传递信息的工具"——我们今天称之为媒体（还有维纳没有或不可能提到的电视、因特网、移动电话等）的东西却是看得见、摸得着的，我们可以有多种途径测知其流通的情况，这类似于是一个"白箱"，然后我们将"白箱"和"黑箱"进行相似性类比，将白箱的量化数据传递到黑箱。

所以，我们实际上是主张建立一个动态的大规模真实书面语文本语料库。把语料库的建设和使用从静态推向动态，把文本的选择和抽样原则从分布原则推向流通原则，把对语言成分的一般性的统计分析推向对语感的推测性统计分析和验证，从而探索使电脑可以逐步获得语感并随时增强和调整语感的路径。这样我们就可以从流通度的量化进入语感的量化，进而计算语感，模拟语感。这是极其关键的一步，对于计算机的智能化、人性化具有相当深远的意义。

动态语言知识更新的研究引入了维纳《控制论》的若干观点，我们曾就《控制论》的"关于种族信息量的测定"和作者提出的"流通度"理论与语感的量化、计算机的语感模拟等相关问题进行过专门的论述。

四 关于新词语提取研究

1. 关于词语研究

1.1 什么是词语

在汉英双语的《现代汉语词典》（以下简称《现汉》）中，既收了

"词语"条，也收了"语词"条，中文的解释并不一致，给人的感觉似乎有所区别，区别就在于"短语"和"词组"好像不是一回事。

词语：词和短语；字眼 word and phrase

语词：指词、词组一类的语言成分 word and phrase

但是，看看他们的英语注释，都是 word and phrase，又是一样的含义了。

为了减少误解，我们从字面含义出发定义词语：词语是交际（表达和理解）中言语的结构单位，即结合紧密、使用稳定的"词"和"语"。那么我们就需要看看什么是"词"，什么是"语"，什么叫"结合紧密、使用稳定"。

1.2 什么是词

抛开学术争议，语言学界普遍认为："词是语言里最小的、可以自由运用的单位。"（见《现代汉语词典》）但是，语言信息处理界说"语言学家这么多年连什么是词也没弄明白"，因为对"十二年""十二月""十二天""十二生肖"哪个是词，哪个是语的判定不一样，"猪肉""牛肉""骆驼肉""孔雀肉""鳄鱼肉""果子狸肉"也绝对不是一种判断结果，至于"杯子""茶杯""奖杯""搪瓷杯""玻璃杯""塑料杯""搪瓷杯子""刻花玻璃杯"等等就更不一致了。一个词语是否收入词典，主要依据其"结合紧密，使用稳定"的特性。"结合紧密，使用稳定"的是词，否则是语。这就需要语感了，其结果往往是公说公有理，婆说婆有理。无法操作的结果就是出来一些新概念"块儿""语块""语义块""结构串""字符串""有效字符串"，都是要回避"词"和"语"的难以划界问题。

1.3 什么是"语"

当然是指短语，也就是词组。但是词典中的词语的"语"，并不是短语，或者说并不是一切短语，应该说是指那些经常被当作一个词来使用的固定短语，也就是熟语，包括成语、谚语、歇后语、术语等等。这些"语"之所以和词并提，并且收入词典，就是因为"结合紧密，使用稳定"。所以在黄伯荣先生的《现代汉语》教科书中说"词汇又称语汇，是一种语言里所有的（或特定范围的）词和固定短语的总和"。

尽管交际中的一个具体的言语结构单位究竟是词是语有时候弄不清楚，但是短语是由词构成的却是十分清楚的事情。我们可以这样来从形式上定义"词"和"语"的递归结构关系：

词＝最小、能独立运用、可以构词

短语＝词＋词＝词＋短语／短语＋词／短语＋短语

问题在于短语的其他分类：比如从结合的紧密程度看有固定短语和一般短语，也有人称为临时短语。固定短语的特点就是"结合紧密、使用稳定"，如何衡量结合紧密和使用稳定？哪些"语"应该进入"语表"？

1.4 什么叫"结合紧密、使用稳定"

"结合紧密、使用稳定"完全是人的一种感觉，我们称为语感。如果没有量化的操作标准，依然无法判断哪些"语"是固定短语，应该收入"语表"。如果仅仅收入熟语部分，那么下述的"语"显然收录不进来："改革开放、国民经济、西部大开发、交通拥堵、环境保护、反恐怖活动、非典疑似、高致病性禽流感H5N1、全国人民代表大会常务委员会"。当然，这些"语"的结合也是非常紧密的，使用也是非常稳定的，同样也是十分固定的词组。最重要的是它们的频度、使用度、流通度常常是高于一般的熟语，甚至远高于已经收入词典的偏僻词语，它们的语义和语用更像一个"词"。所以，我们拟采用相似于公众的共同语感的流通度来衡量它们是不是"结合紧密、使用稳定"，并采用历时流通度曲线来衡量词语的"成熟度"。

2. 关于"语表"的研究

"语"既然是一个交际（表达、理解、阅读）的话语结构单位，也就是一个认知的单位。我们接受认知科学的组块（chunking）的概念，我们认为那些组块就是已经从"短时记忆"进入"长时记忆"的结构单位，无论它们是"词"还是"语"，语感上都是"固定"的。不过根据经济的原则，语言作为交际的工具，总是追求简单、便捷的，所以在 7 ± 2

单位的范围内会尽量从大。

无论是语言教学还是翻译，实际上许多问题都是"语"的问题，下面是我从一位经常做翻译工作的同志积累的 7 部"词"典中摘录的一小部分样品：

2.1 《教育常用词汇》

基本框架 basic framework

办学效益 efficiency in school management

协调发展 co-ordinated and balanced program of development

教育投入 input in education

优化教师队伍 optimize the teaching staff

实行分区规划 practice regional planning

社会参与 communal participation

新增劳动力 incoming labor force

职前教育 pre-service education

岗位培训 undergo job-specific training

提高……的思想品德 enhance the moral awareness of ...

职业道德 professional ethics

重点学科 key disciplinary areas or priority fields of study

（大学）专科 junior college education

扫盲班 literacy class

注册人数 enrollment

年龄段（层）age bracket

反复灌输 inculcate

希望工程 Project Hope

学龄儿童 school-ager

人才枯竭 exhaustion of human resources

辍 / 失学青少年 school dropout/leaver

……

2.2《中国特色英语词汇》

A

爱心工程 Loving Care Project

安家费 settling-in allowance

安慰奖 consolation prize

暗箱操作 black case work

按资排辈 to assign priority according to seniority

按揭贷款 mortgage loan

按揭购房 to buy a house on mortgage; to mortgage a house

B

把关 guard a pass

霸权主义 hegemonism

吧台 bar counter

把握大局 grasp the overall situation

拔河（游戏）tug-of-war

摆花架子 a metaphor for presenting an attractive facade but in reality lacking substance

拜金主义 money worship

白热化 be white-hot

摆脱贫困 shake off poverty; lift oneself from poverty

拜把兄弟 sworn brothers

……

受篇幅所限，我们不能一一引证。他的其他几部"词"典是：《常用宗教词汇》《国际关系常用词汇》《金融词汇翻译》《银行常用英语词汇》《体育常用词汇》。

另外我们的对外汉语教学中反映有类似问题：以汉语进修学院《经贸汉语阅读》为例，王又民在实验课报告中强调，需重视词语的补充教学，如"居××第××位、人均占有量、相当于、誉为、剧增、可行性、投资、吞吐量"等词汇，都应在课堂上进行解析和操练；背景知识如"三资企业、三来一补、利改税、联产承包、乡镇企业、五年计划、农村经济改革、供求关系、非农产业、可持续发展、附加值、消费热点、农村城镇化"等。

上述例子,无论从英语看,还是从汉语看,基本上都是"固定短语"。从实用的角度看,我们显然应该建立一个"语表"。

五　DCC博士研究室关于"语"的提取研究

"DCC博士研究室"是北京语言大学应用语言学研究所的一个研究室,主要由在读和已经毕业的博士研究生组成。DCC就是"动态流通语料库"的英文词头的缩写。该研究室主要从事动态流通语料库的建设和动态词语提取研究。

动态流通语料库的建设方面,主要建设了中国主流报纸媒体的语料库,这些报纸是:

《北京青年报》　　《北京日报》　　《北京晚报》
《法制日报》　　　《光明日报》　　《环球时报》
《经济日报》　　　《今晚报》　　　《南方周末》
《人民日报》　　　《深圳特区报》　《新民晚报》
《羊城晚报》　　　《扬子晚报》　　《中国青年报》

从2001年开始,动态追踪这15家主流报纸的语料,现在已经拥有十几亿字的语料。目前,教育部语信司和北京语言大学已经成立了"国家语言资源监测与研究中心(平面媒体)",投入了启动经费,共建共管,将语料库的建设扩大到整个平面媒体。因此很快就将要筹建图书和杂志两种新的动态流通语料库。

动态词语提取研究方面,主要进行了流行语的提取与发布研究、字母词语的提取与考察研究、IT领域术语动态提取研究、主流报纸媒体词语表提取研究等。

1. 流行语的提取与发布研究

从 2002 年开始,我们自动提取和筛选 15 家主流报纸的"十大流行语",并进行了发布。2003 年 1 月 8 日发布了 2002 年中国主流报纸的十大流行语是:

十六大　　世界杯

短信　　　降息

反恐　　　数字影像

姚明　　　车市

CDMA　　三个代表

消息由数家电视广播台、数十家报纸、多个网站分别进行了报道或转载。2003 年 7 月又提取和发布了 2003 春夏季十大流行语(综合类):

非典(SARS)　疫情

消毒　　　　隔离

巴格达　　　萨达姆

三峡　　　　疑似

伊拉克战争　世界卫生组织(WHO)

这一次还发布了"经济类""非典专题""伊拉克战争专题"三类十大流行语。2004 年 1 月 6 日继续发布了 2003 的综合类十大流行语及经济类、国际、国内三个专门类别的十大流行语,这一年统计的总文件数共 562669 个,即 56 万多个文本。总字数共 426805177 字,即约 4.3 亿字。

2. 字母词语的提取与考察研究

我们对 2002 年《人民日报》(网络版,下同)7000 万字的语料的统计,全年的 30680 个文件中,出现含字母词语块的文本数为 4504 个(占总文本数的 14.68%,不包括 15 个只用字母做序号的文件)。其考察问题写成的第一批文章将于《语言文字应用》发表,即:郑泽之、张普(2005)《字母词语自动提取的几点分析》,杨建国、郑泽之(2005)《汉语文本中字母词语的使用与规范探讨》、关润芝、杨建国（2005）《字母词语块中"标点"的使用状况考察》。有关统计结果和相关研究在此不再赘述。

3. IT 领域术语动态提取研究

王强军博士负责此项研究。DCC 动态流通语料库通用领域 2002 年语料（Gen0）包含 489694 篇文档，共计 1256602278 字节，约合 6.3 亿双字节字符；IT 领域语料库（Ccw02）则包含 12272 篇文档，共计 35579231 字节，约合 1779 万双字节字符。王强军博士对这些语料进行了比较，提出的 IT 术语有以下类型：

（1）新事物、新概念，如：彩屏、彩信、彩壳、纯平、公网、群发、容灾、闪盘、视讯、贴图、网视、光互连、全光网、上网率、智能流、网络防毒、数字灾难、容灾备份、网络货币、无缝移动、在线存储、移动上网等。

（2）术语的构成成分，如：针式、流式、关系型、可擦写等。这一类一般不作为单独条目出现在术语词典中。

（3）术语的简称、缩略等形式，如：彩喷、激打（激光打印）、针打、标配（标准配置）、固话、喷打、重启等。

（4）专业领域中的行话、俗语，如：宕机、水货、掉线、版主、黑屏、蓝屏、帖子、正版、正版化等。

（5）借用其他领域的概念，如：变种（病毒）、和弦（手机铃声）等。

目前，基于动态流通语料库的研究只是刚刚开始，万里长征只迈出了第一步。我们鼓足勇气将尚不成熟的实验和盘端出，以求大家的支持和理解，相信在大家的支持和理解下，我们会坚持走下去。万事开头难，已经迈出了第一步，我们就要坚决走到底。

玖　21世纪——数字化对外汉语教学的新时期

1. 新时期对外汉语教学发展的背景

1.1 国际政治、经济、科技、文化格局新发展的需求

人类社会跨入21世纪的时候，科技进步日新月异，人类科学技术知识已加速度发展，更新换代频繁。据联合国教科文组织的统计，人类近30年来所积累的科学知识占有史以来积累的科学知识总量的90%，而在此之前的几千年中所积累的科学知识只占10%。人类正在步入信息社会，信息处理量和信息处理水平已经成为衡量一个国家现代化水平的重要标志。高科技是一把双刃剑，硅谷的兴衰、网络泡沫、环境污染、能源危机、生态破坏、水资源枯竭、臭氧层空洞以及大规模杀伤性武器等问题，都令世人忧心忡忡。21世纪在带给人类空前高度物质文明的同时，也给人类和我们的星球带来一系列从未有过的严重社会问题和生态问题。这些伴随现代化进程而产生的全球性问题已经长期存在并日益发展，实际上已经演变成威胁整个人类生存的全球性危机。中国高举科教兴国的旗帜，呼唤科学技术的春天，鼓励创新性的研究和可持续的发展，加速在科学技术领域与国际接轨，积极推进信息化的发展，在航天科技、基因技术、计算机应用、网络发展等领域正在迅速缩短与科技大国的距离。

人类社会跨入21世纪的时候，文化发展呈现多边化和融合化的双重趋势。一方面追随美国流行文化和拒绝美国文化"入侵"各行其是；

一方面世界各民族的优秀文化互相吸收、互相融合，"越是民族的，就越是世界的"越来越被认同。东西的融合、南北的融合、原始与现代的融合、艺术与技术的融合，各种"元素"汇成时尚。现代传媒帝国的发展、现代交通工具的发达、网络的突起、旅游的盛行、信息的数字化，加速了世界文化的传播与融合。中国是世界最大的文明古国之一，拥有悠久的历史和文化，以及丰富的人文地理资源，越来越多的旅游景点列入世界历史文化遗产。一个有无比雄厚的文化积淀的中国，一个改革开放的中国，一个建设两个文明（物质和精神）的中国，一个倡导先进文化的中国，正在敞开博大胸怀迅速融入世界文化，中国以更加令世人瞩目的文化大国的形象走在世界的东方。

21世纪，中国在复杂多变的国际生活中，在政治、经济、科技、文化诸方面的发展中，都表现出大国风范或走向大国地位，但是遗憾的是我们在语言方面还是一个小国，还是一个弱国。虽然近年来汉语的国际地位不断上升，同时汉语开始列入美国的AP考试，取得了和其他语种一样的应有地位，但是与学习英语的中国人数相比，学习汉语的外国人数还是相形见绌。我们国家的官方语言、我们各民族所通行的语言——汉语，在国际政治、经济、科技、文化生活中，与其在这些领域中的大国风范或大国地位并不相配。

就世界的历史而言，英、法、德、西、荷、葡等国家都曾经是经济大国和军事大国，但是真正起作用的因素是经济因素而不是政治因素和军事因素。他们在世界各地留下一批殖民国家，现在虽然大多独立了，但是他们的语言却留下来，仍然是当地的强势语言。非洲的法语国家和南美的西班牙语国家以及美国、澳大利亚、南非、新加坡的英语无不如此。二战以后，由于美国成为超级经济大国，英语不仅是因为英国的影响，更重要的是因为美国的影响，成了"超级语言"。美国作为军事大国，其军事实力超过世界第2—15位国家的军事实力总和，说到底也是经济实力决定了军事实力。联合国虽然有六种工作语言，但是英语在国际会议、国际条约、法律仲裁方面的国际地位是不言而喻的。今天，由于微软等公司所处的超级经济地位，在国际互联网时代，在这个虚拟的

"国际社会"中，在关系未来各国的经济命脉的信息处理中，实际上差不多只有一种工作语言，那就是英语。英语在网上现在几乎是天马行空，独来独往。我们反对殖民主义的强势语言，语言和民族都是平等的。

面对新世纪，对外汉语教学，仍然任重而道远。新世纪的对抗与对话频繁更替，无论是对抗还是对话，语言作为交际工具的作用越来越重要。欧盟现在已经有20余种工作语言，数千名译员；美国国防语言学院，有20多种外语专业，2000多名学员、1400多名教师，目前急需阿拉伯语人才。这些都说明随着多边化、全球化、地缘化、一体化、融合化等趋势的走强，语言的重要作用无论在对话抑或对抗中都不可或缺或者说举足轻重。

1.2 国家全面建设小康社会，实现中华民族和平崛起、伟大复兴的需求

当人类跨入21世纪的时候，我国进入全面建设小康社会、加快推进社会主义现代化的新的发展阶段。我们要实现中华民族伟大复兴，不能走各国工业化发展的老路，也不能超越工业化阶段。我们只有开创一条新型工业化的路子，而不是跟在别人屁股后面亦步亦趋，才能在科技发展日新月异、世界竞争日趋激烈的前提下，带领人民站在时代的潮头，实现跨越式发展，勇往直前，永不言败。

信息化是我国加快实现工业化和现代化的科学选择，在十六大报告中已经明确提出我国必须"走新型工业化道路，大力实施科教兴国战略和可持续发展战略"。这是中国共产党针对中国的具体情况，提出的一条实现我国跨越式发展的创新性道路。我国是在没有完成工业化，没有实现现代化的前提下，提前进入信息化发展阶段，因此，信息化就是我国加快实现工业化和现代化的必然选择，我们要以信息化带动工业化，以工业化促进信息化，优先发展信息产业，广泛应用信息技术，这样才能做到跨越式发展。信息化已经放在国家发展的重要战略地位，2001年8月23日，中共中央、国务院决定重新组建国家信息化领导小组，足见国家对信息化的高度重视和信息化在国家发展中的重要地位。

教育信息化是国民经济和社会信息化的重要组成部分，教育信息化

发展程度和水平对于全面建设小康社会和实施第三步战略目标，最终实现中华民族伟大复兴具有极其重要的意义。以教育信息化为龙头，带动教育现代化，实现教育的跨越式发展已成为我国教育事业发展的战略选择。信息技术已经是导致人类社会实现第三次飞跃的决定性因素。农业社会以开发物质资源为特征，有几千年的历史；工业社会以开发能量资源为特征，有几百年的历史；信息社会以开发信息资源为特征，还只有几十年或十几年的历史。在信息社会，信息资源将成为和国家的土地资源、海洋资源、矿产资源、森林资源等一样重要的国家资源。而90%以上的信息资源以语言为载体，语言的信息化、语言信息处理，是国家信息化的重要基础和前提。

语言是人类社会最重要的交际工具。语言的社会性也使其与社会经济紧密相连。语言从来要为经济服务、为经济开道。就中国的历史看，秦皇汉武、唐宗宋祖，凡是经济大发展时期，就有语言文字的跟进。"雅言"起自春秋战国；秦有车同轨、书同文，小篆（秦篆）取代大篆和六国文字；汉代扬雄的《輶轩使者绝代语释别国方言》有"通语"，汉代的翻译官叫"通译"，《后汉书·和帝纪》有"都护西指，则通译四方"。唐代兴盛，则遣唐使、留学僧风靡。元代以后虽有北方军事大国不断南侵，由于以农耕为主的中原经济强大，作为游牧民族建立的朝廷，其"官话"仍是汉语，汉语仍居强势地位。

今天，中国要和国际接轨，既需要中国人看世界，也需要让世界了解中国。前者需要中国人学外语，后者需要让外国人学中文。中国要全面建设小康社会，并实现中华民族伟大复兴，成为未来的经济大国、经济强国，既需要借鉴世界、学习世界、融入世界，也需要让世界理解、支持、赞同。中国既需要强大，但也不需要世界惧怕强大的中国，中国需要的是"和平崛起"和"环球同此凉热"。而汉语在我国和平崛起的同时，在我们民族融入世界的过程中，肩负着重任。

随着国家经济的发展和国际地位的提高，汉语面临着又一个新的发展时期。据权威官员称："现在海外有2000万人在学习汉语，我们的目标是5年内使1亿人学习汉语。"许多令人鼓舞的汉语热的消息不断见诸报端：2003 年底，新加坡除 9 所特选中学外，其他要设立高级华文班的中学增加了 4 倍；2004 年初，仅日本五大中文培训学校的入校生，就比 2000 年增加 5 倍；2002 年，美国有 700 多所大学开设有关中国的课程，近 150 所大学有中文课，社区中文学校已经超过 800 所，学生 11.2 万人；而时任联合国秘书长安南竟在 2004 年为庆祝中国农历新年发表的电视录像讲话中用中文说出"恭喜发财"。

近年来，国家不断加大对外汉语教学的投入，国家汉办、国务院侨办、侨联、海协会等机构协力推进，取得了相当大的成果。然而，我们的对外汉语教学的实力离要求还相差很远。北京语言大学建校以来总计也只培养了 6 万多名留学生，2002 年全年在华的各类外国留学人员共计 175 个国家的 85829 人，与 2001 年相比，国别增加了 6 个，人数增加了 38.7%，分布在 31 个省、自治区、直辖市的 395 所高等院校和其他教学机构（以上数据均不含台湾地区、香港特别行政区和澳门特别行政区）。这样的增长比例已经很快，但是，要满足汉语学习的人数增长需求，还有相当大的空间需要弥补。

毫无疑问，我们要担此重任，也必须实现 21 世纪对外汉语教学的跨越式发展。要实现对外汉语教学的跨越式发展，就必须大力推进数字化对外汉语教学。我们必须在国家信息化、教育信息化、语言信息化的大背景下，大力推进对外汉语教学的信息化，积极倡导对外汉语教学的新观念、新模式、新资源、新平台，培养掌握现代教育技术的对外汉语教学新师资队伍、新管理队伍、新技术队伍，才能满足国内外形势发展的新需求。

2. 新时期的数字化对外汉语教学

2.1 什么是数字化

数字化，又称数码化、数位化。要知道数字化，需要先知道"比特"。比特被称为"信息的 DNA"。比特是信息的最小单位。它没有颜色、尺寸或重量，能以光速传播。比特就好比人体内的 DNA 一样，是一种存在（being）的状态：开或关、真或伪、上或下、入或出、黑或白。出于实用目的，比特被想成"1"或"0"，这就是二进制。在早期的计算中，一串比特通常代表的是数字信息（numerical information）。

尼葛洛庞帝（Negroponte）是美国麻省理工学院教授、媒体实验室的创办人、电脑和传媒科技领域最具影响力的大师之一，1996年，他被《时代》周刊列为当代最重要的未来学家之一。他在那本最广为人知的《数字化生存》中说："比特一向是数字化计算中的基本粒子，但在过去25年中，我们极大地扩展了二进制的语汇，使它包含了大量数字以外的东西。越来越多的信息，如声音和影像，都被数字化了，被简化为同样的1和0。"（尼葛洛庞帝，1997）

微软公司总裁兼首席软件架构师比尔·盖茨也说过："进入21世纪，数字技术的一日千里和带宽的迅猛发展为我们缔造了一个全虚拟的空间，我们已目睹有史以来更为巨大的变化。这一新科技将信息时代的力量传递至我们每一个人手中，无时不在，无处不在。"

在于根元先生的《中国网络语言词典》中，收有以"数字"开头的条目25条，"数码"开头的条目6条。他没有收"数字化"条目，但收有一条"数字化.com"，注释为："泛指使用（电脑）数据的，网络的（一切）。"

我们认为：数字化是以比特（1和0）为最小单位描述的一切信息或描述一切信息。数字化是基于计算机技术、多媒体技术、光盘技术、网络技术、自然语言理解技术等为核心的IT技术的重要组成部分。数字化是信息化进程的基础、前提、目标和结果，没有数字化，就没有信息化。

2.2 什么是新时期的数字化对外汉语教学

新时期的对外汉语教学，就是基于现代教育技术的数字化对外汉语教学。

什么是现代教育技术？一般认为：人类自有教育开始，就有教育技术。最早的笔、墨、纸、砚、书是教育技术；后来的粉笔、黑板、板擦是教育技术；当然电影、录音、录像更是教育技术。但是现代教育技术则是指基于IT技术的最新教育技术，也就是以计算机技术、多媒体技术、光盘技术、网络技术、自然语言理解技术等现代高新技术为核心的新一代教育技术，它引发了人类教育领域的一场空前深刻的革命，这场革命正在进行之中。信息技术在教育教学领域的全面应用，正在导致教学内容、教学手段、教学方法和教学模式的深刻变革，并最终还会导致教育思想、教学观念、教与学的理论乃至整个教育体制的根本变革。正是在这个意义上，我们认为现代教育技术是整个教育改革的突破口。对外汉语教学抓住了现代教育技术，抓住了数字化，也就抓住了21世纪的一个突破口和制高点。

根据中美双方的文化交流协议，目前教育部正在组织力量进行的"中美网络语言教学项目"正是在新时期的发展格局下，基于这样的高起点构建的。

现代教育技术的数字化教育模式将全方位支持新时期的对外汉语教学。所谓全方位就是既支持现行的以面授为主的学校教育模式，也支持以自学为主、教师指导为辅的现代远程教育模式。网络上的交互——无论是在因特网还是在校园网、也无论是在学员之间还是在网络教师与学员之间——都将成为语言学习、训练、交际、考查的重要环节，并且在不断花样翻新。

图 9.1 表示了这种全方位的关系：

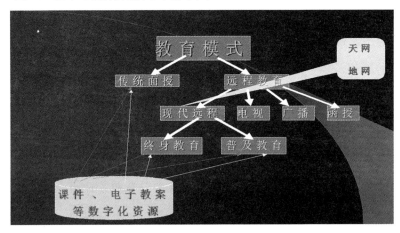

图 9.1　现代教育模式全方位关系图

显然，在我们还没有来得及做好思想准备的时候，这种新的模式就随着技术的发展突然降临了。IT 技术的发展不断地改变着人们的工作方式、生活方式，当然也包括学习方式。现代教育技术的降临并没有伴随着成熟的现代教育模式，数字化的现代教育技术新模式还需要我们自己结合对外汉语教学的特点去探索，去实践，去总结。

2.3 数字化对外汉语教学的新模式需要现代教育技术的支持，更需要现代教育技术理论的指导

一说到现代教育技术，人们首先想到的是学习"技术"，学习计算机技术、多媒体技术、网络技术等。特别是具体的动画制作技术、图像处理技术、网页制作技术、幻灯片制作技术等等，人们希望能尽快地掌握这些技术，来制作自己的课件或电子教案，这是可以理解的，也是必要的。但是如果仅仅只有技术，没有现代教育技术理论做指导，就有极大的可能穿新鞋、走老路。甚至使基于现代教育技术制作的"课件"或"电子教案"流于形式，成为"花架子"。高科技总是双刃剑，只有在现代教育理论的指导下才能提高学习效率，优化教育教学过程，这才是使用现代教育技术要达到的目的。

所以我们的现代教育技术培训中心在对教师进行现代教育技术等级培训时，首先进行的不是上述技术培训，而是讲述"现代教育技术理论"课程。国际上公认的教育技术定义："教学技术（Instructional Technology）是为了促进学习，对有关的过程和资源进行设计、开发、利用、管理和评价的理论和实践。"（美国教育传播与技术学会 1994 年发布）我们或者可以说现代教育技术包括有形的技术和无形的技术两个方面，无形的现代教育技术就是指在用有形技术解决教育、教学问题的过程中，指导我们运用有形技术的那些技巧、方法和理论等。

以 IT 技术为核心的现代教育技术引发了一场深刻的教育革命，具有交互化、网络化、公开化、协作化、个别化、动态化、实用化等一系列特征，这些特征促使新的内容、教材、教法出现；甚至催生了新的评价原则、标准、体系；新的教育模式、教学方式、考试方式、学习方式都在探索过程中，人们可以自由注册名校、名师、名课；可以因时、因

地、因材施教；最终将改变旧的教育思想和教育观念，形成全新的终身教育体系、全民教育体系。

对外汉语教学是第二语言教学，它不同于知识性的传授课程，是一种以技能训练为主的课程，这种"听、说、读、写、译"的技能训练课程，如何在使用现代教育技术的同时，引进认知模型、引进建构主义，怎样运用双主模式，怎样建立训练模型，怎样进行课件设计，等等，都没有成功的现成模式，都需要我们结合第二语言教学的特点自己去探索。1999年，我在汕头召开的首届全国网络多媒体辅助语言教学研讨会上报告了《多媒体语言教学光盘与语感能力》；2000年，在桂林召开的第二届中文电化教学国际研讨会上报告了《当前远程对外汉语教学课件制作的有关问题》；2002年，在新加坡召开的"E-Learning"国际会议上报告了《现代远程语言教学当前遇到的十大难题》；后来我还在一系列的学术报告会上反复强调"现代远程教育初级阶段的十个不成熟"，提出一些如何走向成熟的思路，这些都是希望探讨现代教育技术与第二语言教学实践（尤其是现代远程教学）相结合的理论问题。自然，这些探讨本身也是不成熟的，有待现代教育技术革命的实践和时间检验的。

3. 数字化对外汉语教学的特点与内容

3.1 数字化对外汉语教学的特点

我认为新时期的数字化对外汉语教学有如下特点要引起我们的注意：

（1）来势猛

我们说来势猛，是指新时期的数字化对外汉语教学的形成，比我们想象的或预期的来得要快得多。以"中文电化教学国际研讨会"为例，1995年，我们开第一届年会的同时，国际上"电化教学"开始被"现代教育技术"取代。2000年，我们开第二届年会时，论文集叫《现代化教育技术与对外汉语教学》，但当时真正基于网络技术的研究在论文集中只有14篇。2002年，第三届年会的论文集叫《E-Learning与对外汉语教学》，会议距离前次会议只有一年多的时间，但是国内外的现代教育技术有了飞速的发展，对外汉语教学领域亦不例外。会议的论文100%涉及现代教育技术，无论是现代远程教育还是课堂辅助教学的现代化都有长足的进步，已经开始数字化的课程有综合课、精读课、口语课、听力课、报刊课、新闻课、汉字课、会话课、商贸课、速成课、写作课、普通话课等。一些课件或教案的研制论文已经开始谈论新的教学模式，思索多媒体教学方法，考虑课程的整体优化，提出构建立体组合教材等。到2003年，美国国防语言学院所有教室都安装了数字白板，中美联合开发的"中美网络语言教学项目"课件已经启动。2004年，北京语言大学对外汉语教师已有95%以上取得现代教育技术等级证书。数字化对对外汉语教学的推进速度将会有多快，我们迄今为止不能预测。我们切不可低估了对外汉语教学领域这场数字化技术革命推进的速度。

（2）涉及广

我们说涉及广，是指新时期的数字化对外汉语教学已经涵盖了教育的各个领域和环节，包括教师、学生、教材、教法、考核、管理等各个方面，都受到了数字化的影响。教室、宿舍、图书馆、校园以及语言社会生活等也都在数字化的氛围中，甚至数字化的语言资源，如语料库、语音库、词语库、汉字库、语法库、文化资源、旅游资源等，都在加速建设或引进中。我们说涉及广还指数字化的应用既涉及远程自学为主的模式，也涉及传统学校面授模式，既有专业学历教育如汉语言文学、商贸汉语的数字化，也有非学历教育如汉语进修、速成、强化教育的数字化。数字化是环环相扣的，数字化的进程是全方位的。一个环节的数字化会促进其他环节的数字化，一个环节的非数字化也会拖其他数字化环节的后腿。我们切不可低估了对外汉语教学领域这场革命所涉及的广度。

（3）触及深

我们说触及深，是说新时期的数字化对外汉语教学不仅仅是学习技术的问题。正如前面所述，它必然要涉及教育模式、教学模型，包括学习目的、考核目的，自然还要触及学习内容、学习方法，最终需要改变我们的教育观念、教育思想和教学管理。联合国"国际21世纪教育委员会"提出的教育的"四大支柱"是指能支持现代人在信息社会有效地工作、学习和生活并能有效地应对各种危机的四种最基本的学习能力，即"学会认知，学会做事，学会共同生活和学会生存"。"四大支柱"具有强调德育为基础、重视能力的培养、让学生学会认知的三大特征，所以能较好地适应信息社会发展的需求，与传统教育相比，更显示出其革命意义。它刚一提出就受到国际教育界的普遍重视与欢迎，被认为是"里程碑性的教育文献"。我们21世纪的数字化对外汉语教学正是要建立在"四个学会"的深度上，在这样的深度去考虑和建立数字化的对外汉语教学体系。我们切不可低估对外汉语教学领域这场革命所触及的深度以及可能遭遇的阻力。

（4）标准高

我们说标准高，是说新时期的数字化对外汉语教学不仅仅是学习技术和运用理论的问题，还有标准化的问题。这是一个极其严格的问题，否则就做不到资源共享。就以教材而言，数字化的教材再好，拿到我的教学平台不能用，反而不如纸本教材，这就是典型的双刃剑。我在写作此文的同时就在 MSN Messenger 上和我的两个学生对话，他们一个在河北大学（已经毕业），一个在韩国又松大学（远程在读），河北大学的王强军告诉我他正在网上听台湾地区的一个"数位学习平台及教材之互通性标准研讨会"见图9.2，会议主要讨论最新版的标准 SCORM2004 的开发与应用，这和我写的文章正好密切相关，我立即在他的帮助下上网听报告。我们一共听了3场报告：数字内容未来发展与应用趋势；符合 SCORM 标准之数字内容与平台整合经验分享；从教学设计角度谈 SCORM 教材之设计与开发。报告声音、图像均清晰自然。我们的这个例子不仅说明了标准的重要，也说明数字化技术变化之快，还说明我们师生的角色在学习中已经互换等等。需要引起我们深思的是报告强调说明数字化资源和学习都是免费的，而且我们听的报告本身就是免费的。我们切不可低估对外汉语教学领域这场革命的标准化程度以及可能引发的连锁反应。那种将数字化资源，特别是对外汉语教学资源，视为私有财产，仅能在自己平台上运行的理念，迄今为止仍不在少数。但是，据说中美联合建立的平台和资源也将是免费的。

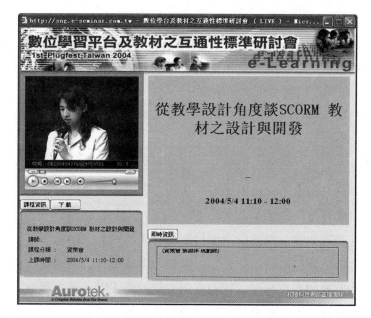

图 9.2 "数位学习平台及教材之互通性标准研讨会"的界面

（5）变化快

我们说变化快是指教育理念升级快、教育技术换代快、教学模式改变快、教学内容更新快等。随着知识的更新换代加速发展，技术知识的老化、衰减与贬值加快，"一招鲜，吃遍天"早已经成为历史，"终身学习"的理念提出，终身学习资源、学习型社会、终身教育法等理念不断升级，语言知识特别是新的词语、新的意义不断出现，语言教学内容必须跟上时代的脚步，数字化使得教育内容的版本不断翻新成为可能。由于现代教育技术的软硬件环境不断地升级换代，今天还不可能的事情，明天就有可能实现。由于带宽不够宽和上网人多拥挤，声音传播中断与失真、图像下载和发送慢得不能容忍，视频的"马赛克"和"动画"现象等，这些还似乎就是昨天的事情，但是由于带宽、信息压缩、信息传递等一系列技术的进步，今天我们在网上听台湾地区的现场报告，犹如在看电视。所以，我们切不可以拿过去的老做法来对待今天对外汉语教学的数字化，以为决心一下，投入一定的金钱、人力和时间，对外汉语教学就数字化了，但是我们也一定要认识到数字化也是进入了一个新阶段，一个不断变化、不断修改、不断适应、不断前进的阶段。我们一定要对那种超稳定状态的终结和进入相对稳定时期有一定的心理准备。

3.2. 对外汉语教学内容的数字化

我们从以下几个方面来讨论对外汉语教学的内容或任务的数字化：

（1）教材、教案的数字化

首先是教材、教案的数字化。数字化的对外汉语教材，并不是对原有纸版本教材的电子化或电子版。从纸本到电子版是一种改造或改革，而不是简单移植。多媒体的使用，声图文的并用大大有利于语言的训练，计算机的交互功能、网络的协作功能和链接功能大大增强了语言的交际训练能力，需要创造新的语言学习模型和训练模式，来提高听说读写技能的训练效果和实用程度。我们在创造新的模式时，还需要分析是自学为主的教材还是课堂辅助的教材。目前教员的电子教案与课堂的辅助教学课件日趋结合。教学内容、链接内容、交互的方式都是动态更新的。教员要花比过去更多的时间和精力去做研究，研究数字化的教学内容、教学模式、教学效果和学生的需求，为"精讲多练"创造了更多的空间和时间。而训练和交际过程则会越来越多地交给计算机去重复，通过网络去虚拟，技术的进步就是朝着这样的方向推进的。

（2）考核和测评的数字化

一旦教材和教案数字化了，接下来就是考核和测评的数字化。虽然学习变成一种适应社会的终身需求，主要不是为了分数和文凭，但是学员需要知道自己的学习程度，有了多少进步，教员需要了解自己设计的数字化教材的教学效果，适合什么样的学生，不适合什么样的学生。这样就提出一些连带的新的数字化问题：数字化教材的单元化（这正是前面提到的标准SCORM2004的长处）、数字化教材测试点的设立与分级、测试点的确定与量化、考核题库的建立与生成、试卷的自动生成与评阅、考核效果分析与课程评估、前测与后测的设计与比较、学生的学习追踪与调查等等。没有数字化的考核和测评，就没有对数字化教材和教学效果的科学的量化的分析，当然也就没有数字化教材的动态改进。

(3)教室数字化

有了数字化的教材、教案,没有数字化的教室,就不可能有数字化的教学,就不可能达到优化教学、提高教学效率的目的。作为对外汉语教学,最起码的设备是一台电脑和一台数字化的投影设备及相应的投影屏幕。另外可以增加网络接入。这样,老师就可以使用数字化的教材和教案,来进行基于现代教育技术的对外汉语教学了。至少省去很多传统的擦写黑板和口头描述的时间,做到精讲多练。再进一步就是如果能建成网络多媒体教室,每个学生都可以自己动手训练,可以上网,也可以和教员联系。那就可以一方面同步批量教学,一方面有个别指导、有针对性地训练。而且还可以在多媒体网络教室进行数字化的考核、测评,这当然都是要花钱的。我们切不可以再翻建录音机听力室的老皇历,以为建几间听力室大家轮流去听就够了,数字化的革命是要改变所有教室、办公室、自习室、宿舍的功能,使它们都具备上网的功能,都有识别和处理数字化信息的功能。更好的设备是如美国国防语言学院,教室都有数字白板,这就节省了教师的时间和精力,不必什么都事先数字化好,而且使教师课堂的临时发挥可以立刻数字化,存入电脑,当然这也就更需要钱来投入。如果完全是远程教育,就可以建立网络"虚拟教室",并由网络教师或"虚拟教师"来主持课程了。我们需要统筹规划,一步步选择最省钱的数字化模式。但是,数字化不能只说,没有钱是数字化不起来的。

(4)教师数字化

什么数字化也没有人的数字化重要。要知道没有数字化的教师队伍,教材、教案的数字化和考核、测评的数字化是根本不可能的。所谓数字化的教师队伍,首先是指掌握了现代教育技术及其理论的对外汉语教师。早期,研究制作课件、题库等等都是程序员的任务,对外汉语教师只是学会使用数字化的"资源"就可以了。现在是要逐步学会设计、开发、利用、评价、管理这些"资源"的技术和理论,这种对于数字化教学内容的动态研究、跟踪与改进,不是程序员可以承担的,只有对外汉语教师才能完成。其次是指学员在网上接触到的"数字化教师",无论是在校园网上见到"教员"还是通过因特网在远程见到的"教员",实际上都是数字化的,教员还可以有自己的主页,透过主页宣传自己、宣传课程,与学员联系。学员也可以透过主页选择教师、选择课程,与教师联系,接受指导、答疑。只是有时候,对于一些常见的问题和错误,学员以为是"教师"的回答和纠正,其实是由数字化教师——真实教师的"虚拟替身",依据"答疑库"模拟进行的。

(5)图书资源数字化

学校除了教材、教师、教室,要办学,最重要的就是图书馆了。过去的图书馆馆长都是从很知名的专家、教授中遴选的。现在数字化的图书馆越来越重要,图书、资料、档案的数字化是重要的工作任务。没有数字化,就无法实现信息的自动检索;更为重要的是,检索到信息后也需要进行数字方式的浏览和学习。整个图书馆的内容和管理流程都将因数字化的进程而发生重要的变化。更不要说网络就是一个最大的"图书馆",随着搜索软件的智能化进步,像 Google 和百度,已经逐渐取代了图书馆的功能,图书馆要在数字化的进程中重新为自己定位,才能更好地为数字化的对外汉语教学服务,北京语言大学的图书馆在这方面正在努力探索,并且还准备和国家图书馆建立网络联系。

(6)教学管理数字化

各方面都数字化了,教学管理没有数字化也是不能提高教学效率的。管理者首先要更新理念,其次要更新管理办法和管理手段。只有管理者首先更新了理念,才不会阻碍这场数字化的革命进行,才能够站在变革的潮头,支持、领导、谋划、组织、利用基于现代教育技术的这场革命。所有数字化的教材如何设置、考核、测评、管理;所有学分如何计算、统筹、互认;所有学员如何招生、报名、注册、管理、发证;所有教员如何考评、计酬、聘任;如何统计、分析、运筹所有的数字化数据进行科学管理,这一切都需要掌握现代化教育技术的数字化管理者在数字化的平台上进行。数字化的对外汉语教学呼唤具有新的管理理念并掌握现代管理平台的管理者。我们很高兴地看到一代新的管理者正随着数字化的对外汉语教学的推进在成长。

（7）校园数字化

无论是校园网上的"数字校园"，还是没有围墙的虚拟网络大学的"虚拟校园"，都是数字化的校园。校园的数字化包括两方面的含义：一是实体校园的网络化、电子化、信息化，这一点我们已经在（3）中涉及一些，实际上，实体校园的数字化除了教室、自习室、宿舍以外，还要包括所有的办公室、办公大楼、图书馆、体育设施、娱乐设施、后勤设施，甚至校医院、食堂、门卫等的数字化，即与网络相连，能够处理、分析所有与办学有关的数字信息。另一方面是指网上的虚拟的数字化校园的建设，作为对外汉语教学的数字化校园的建设更突出网上的语言文化的内容和语言文化的交际、交往。这方面的数字化现在还停留在利用网络找语言陪练等有限的方面。数字化的校园建设应该是大有可为的。

（8）教学研究数字化

现代化教育技术既然已经将教学的各个环节和各个方面数字化了，那么，对于数字化的教学的研究必然也是数字化的。一方面，需要研究数字化的教材、教法、模式、测量理论与方法，分析数字化的管理数据，一方面要收集建立一些数字化的研究基础和资源：如建立健全基于数字化对外汉语教学的"中介语语料库"，进一步研究《国别化的对外汉语教学词语大纲》，建立对外汉语词语教学和热门话题的动态更新机制，以及建立针对不同母语、不同学习目的的学生毕业后终身学习的追踪机制等等。

（9）本体研究数字化

为了支持数字化的对外汉语教学，对于汉语本体的研究也需要建立数字化的基础和资源。首先是要建立现代汉语的语料库，对于现代汉语进行大规模真实文本的统计分析研究，尤其要建立观察语言历时变化的现代汉语"动态流通语料库"，观察词语和意义的变化，以支持对外汉语教材有关部分的动态更新和及时修订，双语词典的动态编纂与发布，以及对外汉语教学词汇测量等级大纲的动态调整等等。

4. 结束语

中国传统教育模式，从孔夫子的"私塾"算起，已经历了几千年，现在还有在新形势下的"家教"出现，也可以说是驾轻就熟。洋学堂的学校模式，已经超过了百年，而现代教育技术模式，迄今也只有十年的经历。

以上所说，仅仅是择其大要，简述数字化对外汉语教学的几个方面。我出于对数字化对外汉语教学的执着，明知瞬息万变，仍敢贸然评论，如果本篇所言有十之二三能经得起将来的"历史考验"，我就已经很满足了。

参考文献

陈力为主编《计算语言学研究与应用》，北京语言学院出版社，1993。

陈力为、袁琦主编《计算语言学进展与应用》，清华大学出版社，1995。

陈力为、袁琦主编《中文信息处理应用平台工程》，电子工业出版社，1995。

陈力为、袁琦主编《语言工程》，清华大学出版社，1997。

陈小荷：《现代汉语自动分析—Visual C++ 实现》，北京语言文化大学出版社，2000。

陈原主编《现代汉语定量分析》，上海教育出版社，1989。

陈原主编《现代汉语用字信息分析》，上海教育出版社，1993。

陈原：《陈原语言学论著》，辽宁教育出版社，1998。

戴昭铭：《规范语言学探索》，上海三联书店，1998。

费尔迪南·德·索绪尔：《普通语言学教程》，高名凯译，岑麒祥、叶蜚声校注，商务印书馆，1980。

国家语言文字工作委员会《信息处理用 GB 13000.1 字符集汉字部件规范》，语文出版社，1998。

何婷婷：《语料库研究》，华中师范大学博士学位论文，2003 年。

胡明扬：《胡明扬语言学论文集》，商务印书馆，2003。

黄昌宁：《关于处理大规模真实文本的谈话》，《语言文字应用》1993 年第 2 期。

黄昌宁主编《1998 中文信息处理国际会议论文集》，清华大学出版社，1998。

黄昌宁、董振东主编《计算语言学文集》，清华大学出版社，1999。

黄昌宁、张普主编《自然语言理解与机器翻译》，清华大学出版社，2001。

黄昌宁、李涓子：《语料库语言学》，商务印书馆，2002。

刘开瑛、郭炳炎编著《自然语言处理》，科学出版社，1991。

刘源：《现代汉语词频测定及分析》，载陈原主编《现代汉语定量分析》，上海教育出版社，1989 年。

刘源、谭强、沈旭昆：《信息处理用现代汉语分词规范及自动分词方法》，清华大学出版社，广西科学技术出版社，1994。

陆俭明：《增强学科意识，发展对外汉语教学》，《世界汉语教学》2004年第1期。

尼古拉·尼葛洛庞帝：《数字化生存》，胡泳、范海燕译，海南出版社，1997。

邱力军等编《信息技术基础教程》，高等教育出版社，2001。

全国高等学校教育技术协作委员会组织编写《教育技术理论导读——信息时代的教学与实践》，高等教育出版社，2001。

吴立德等：《大规模中文文本处理》，复旦大学出版社，1997。

武汉大学语言自动处理研究组编《语言自动处理研究》，武汉大学出版社，1988。

J.辛克莱：《语料库、检索与搭配》，上海外语教育出版社，1999。

徐通锵：《语言论——语义型语言的结构原理和研究方法》，东北师范大学出版社，1997。

姚天顺等：《自然语言理解——一种让机器懂得人类语言的研究》，清华大学出版社，广西科学技术出版社，1995。

尹斌庸、方世增：《词频统计的新概念和新方法》，《语言文字应用》1994年第2期。

俞士汶等：《现代汉语语法信息词典详解》，清华大学出版社，1998。

苑春法、黄昌宁等：《新一代语料库的建设与管理》，载陈力为、黄琦主编《中文信息处理应用平台工程》，电子工业出版社，1995。

詹卫东：《面向中文信息处理的现代汉语短语结构规则研究》，清华大学出版社，2000。

张普：《关于语言研究手段的现代化》，《中国语文通讯》1980第2期。

张普：《汉语信息处理研究》，北京语言学院出版社，1992。

张普：《汉字编码键盘输入文集》，中国标准出版社，1997。

张普：《关于大规模真实文本语料库的几点理论思考》，《语言文字应用》1999年第1期。

张普：《多媒体语言教学光盘与语感能力》，《世界汉语教学》1999年第2期。

张普：《关于语感与流通度的思考》，《语言教学与研究》1999年第2期。

张普：《语料库语言学研究的理论、方法和工具》，自然科学基金重点项目结项报告（项目号：69433010），1999。

张普：《信息处理用动态语言知识更新的总体思考》，《语言文字应用》2000 年第 2 期。

张普主编《现代化教育技术与对外汉语教学》，广西师范大学出版社，2000。

张普：《关于控制论与动态语言知识更新的思考》，《语言文字应用》2001 年第 4 期。

张普：《关于控制论与动态语言知识更新的思考（续）》，《语言文字应用》2002 年第 1 期。

张普主编《E-Learning 与对外汉语教学》，清华大学出版社，2002。

张普：《关于种族信息量的测定与语感模拟》，载中国人工智能学会编《中国人工智能进展（2003）下》，北京邮电大学出版社，2003。

张普：《关于汉语语料库的建设与发展问题的思考》，载徐波、孙茂松、靳光瑾主编《中文信息处理若干重要问题》，科学出版社，2003。

张普、石定果：《论历时中包含有共时与共时中包含有历时》，《语言教学与研究》2003 年第 3 期。

邹嘉彦、黎邦洋：《汉语共时语料库与信息开发》，载徐波、孙茂松、靳光瑾主编中文信息处理若干重要问题》，科学出版社，2003。

GB 2312-80《信息交换用汉字编码字符集基本集》，中国标准出版社，1981。

GB 12200.1-1990《汉语信息处理词汇 01 部分：基本术语》，中国标准出版社，1990。

GB/T 12200.2-1994《汉语信息处理词汇 02 部分：汉语和汉字》，中国标准出版社，1995。

Geoffrey Leech, *The State of the Art in Corpus Linguistics*, 1991, In K. Aijmer & B. Altenberg (eds.) / New York. *English Corpus Linguistics: Studies in Honor of Jan Svartvik* (London: Longman, 1991).

附录：《赤光》和《少年》在法国里昂发现始末

张 普

一

1984年7月1日，首都北京晴空万里，风和日丽。我和另外两位同志作为武汉大学（当时我正执教于武汉大学中文系）派往法国的专家组，从北京乘坐波音客机，经沙迦飞赴巴黎，以执行中国国家科委批准的与法国国家科研中心（CNRS）758组的合作项目。在党的生日这特殊的一天踏上行程，前去完成祖国交给的重要任务，我的心情十分兴奋激动。

一抵达巴黎（由于时差，此刻仍然是7月1日），来不及观赏这座世界名城的辉煌古迹和繁华街市，我们就在熟悉当地环境的中国人的指引下，首先瞻仰了位于意大利广场附近的周恩来同志的故居，那里离中国大使馆教育处很近，一会儿就到了。我们凝视着门外临街墙上的铜铸周恩来头像，久久肃立，胸中涌起对革命前辈的无比崇敬。周恩来同志和他的同伴们——旅法勤工俭学的中国留学生，是为实现强国梦而奋斗的一批热血青年，在20世纪20年代初，他们漂洋过海，追求科学与民主，最终成为坚定的共产主义者，如周恩来、邓小平、陈毅、蔡和森、李富春、聂荣臻、蔡畅、王若飞、陈延年等人。他们的功业，中国人民永志不忘，而他们早年在法国的活动，也是党史不可或缺的内容。

也许是这个有纪念意义的日子给予了我难得的机会，也许就是纯粹偶然，我后来竟有幸接触到了珍贵的革命文物：油印的早期中国旅欧共产主义者刊物——《赤光》和《少年》的原件，其中载有署名"伍豪"和"恩来"的文章23篇，熟悉党史的人都知道，作者实际就是周总理。此外，那上面还刊登着许多其他革命前辈的文章。

在建党80周年前夕，我写下有关这段往事的回忆。

二

法国国家科研中心758组设在里昂第三大学校内，名为"《圣经》与传统文化研究中心"，又称CATAB实验室。我们与法方之间的合作课题主要是计算机语言信息处理，我们要为他们那里的多文种处理系统研制中文信息处理平台。研究工作之余，我常常到里昂市立图书馆的中文书库去翻书。经里昂第三大学中文系的副教授李尘生小姐介绍，我认识了图书馆的馆长，也认识了中文书库的管理员Pully先生。

普利（我给Pully先生起的中文名字，他后来成为中文书库的库长，曾在20世纪80年代末和90年代中期两次前往北京语言文化大学进修汉语及进行高级访问）是李尘生小姐的学生，他告诉我里昂市立图书馆收藏的中文图书主要由两大部分组成，一部分是原来设在里昂的中法大学图书馆的旧中文书，一部分是"文化大革命"结束后中国有关部门赠送的新书，还有就是里昂市立图书馆与中国一些图书馆建立友好合作关系，用法文图书交换来的中文新书。

我喜欢翻阅中法大学的那批旧书。那里面可以找到不少20世纪初期的有历史价值的文献。比如我曾经在《语文研究》上著文介绍过的1903年上海同文书局出版的《智群白话报》，是清末正式印行的极其通俗的白话读物，比通常所公认的首倡白话文运动的杂志《新青年》等早了十多年。中法大学图书馆也藏有《新青年》等。

但是，最令我激动不已的是，那里保存着一袋早期中国旅欧共产主义者的刊物——《赤光》和《少年》，它们全是油印的约32开本的小册子。

三

中法大学位于里昂市西郊的山坡上，是在一座旧军事建筑——圣·伊雷内堡（Fort St. Irénée）的基础上修葺建造的。中法大学的创设缘起是利用法国返还中国少量庚子赔款来兴办教育，但进展并不顺利，后几经周折，终于在1921年招收了第一批138名中国留学生[①]，此后每年陆续招生。第二次世界大战爆发，1940年6月14日，德国法西斯攻占巴黎，法国将军贝当（Ph. Pétain）在矿泉疗养城维希（Vichy）组织偏安政府（有人刻意将地名汉译为"危兮"，以寓意该政权的风雨飘摇），当时里昂尚属于并未沦陷的"自由区"，所以一些在巴黎和法国北方就读的中国留学生都转到里昂中法大学来学习。然而，德国法西斯随之又攻占里昂，圣·伊雷内堡改为德军兵营，校内的所有学生都迁到里昂市内的学生公寓住宿，该校的档案及藏书则转存到里昂大学。1944年8月26日，戴高乐将军率领的法国抵抗运动的武装力量终于解放了巴黎。而后，德国法西斯军队全线撤出法国，里昂市中法大学的中国留学生便复归原校址，学校的档案及藏书旋即也搬运回去。据记载，在这两次往返迁徙中，损毁了大量资料。[②]

由于欧洲兵荒马乱，影响所及，里昂中法大学到1943年之后就再也没有新生入学。而二战结束后，蒋介石又发动了内战，国民党政府根本无暇理会中法大学的生存发展事宜。该校实际上已经长期处于无人过问的瘫痪状态，勉强维持到1950年，不得不停止了一切活动。数十年来，人们几乎已经把中法大学淡忘了。《赤光》和《少年》就一直沉睡在中法大学的图书馆内，它们竟然奇迹般地躲过了战争的浩劫。在多少结实厚重装潢漂亮的铅印图书都散落亡佚的情况下，这些不起眼的油印小册子却被保存下来，不能不说是一个奇迹，使人感慨苍天有眼。

但是真正有眼并使包括《赤光》和《少年》在内的中法大学所藏中

[①] 《里昂中法大学海外部的经过、性质、状况》，1921年，现存里昂市立图书馆。
[②] 叶国荣：《里昂中法大学简史》，《欧华学报》1983年第1期。

文图书得以重见天日的，却是里昂第三大学的副教授李尘生小姐和她的学生普利。

四

李尘生小姐是20世纪20年代中法大学中国留学生的后代。她的父亲李树化1901年生于泰国北柳，10岁时回到故乡梅县上小学，1921年注册中法大学后进入国立里昂大学，主修音乐。学成归国之际，他带回的，除了西洋音乐的专业技艺之外，还有一位西洋妻子。

李尘生小姐生于北京协和医院，并且在中国人的圈子里长大，接受的是中国传统教育。所以，她始终认为自己是中国人，有着不解的中国情结。她有褐色的头发、深陷的眼窝、浅色的眼珠，但是她的黄皮肤却是中国式的。在那个时代，混血儿的日子很不好过，远不像今天国际婚姻的后裔得到社会的理解和接纳。尽管尘生聪明、健康、美丽，尽管她的妈妈14岁起就在法国玩具厂做童工，然而当时她和她的妈妈还是被视为典型的"资产阶级臭小姐"。50年代，在周恩来总理的亲自过问下，尘生和她的法国妈妈、中国爸爸一起到法国定居。

尘生后来在一家化妆品公司做总经理秘书，她至少已经经济宽裕，生活从容，但是她郁闷，因为中国仍然时时萦绕在她心中。当她决定到里昂三大中文系任教时，她想的就是自己终于和中国连到了一起，她将高兴地看到她的一批又一批的学生成为法中友谊的桥梁。但是当她把辞职的打算告诉老板时，年事已高的老板和公司的业务却都已经离不开她。老板以加薪来挽留她，她说："要知道里昂三大的工资只有您给我的一半，我不是为了钱才到那里去教书的。"可怜的老板无论如何也不会明白，中国情结对于一个中国人怎么会有那么强大的吸引力！尘生的妈妈却明白她的这一选择，她的妈妈去世之前，还一再叮嘱她："你一定代我回中国，再去看一看长城。"因为当她还在妈妈肚子里时，曾随同父母一起骑驴登过长城。2000年夏，我陪着年过70的尘生终于再次登上长城，了却她此生的心愿。

一天，她来到了里昂旧城西郊的中法大学旧址，四周一片沉寂荒凉。她要仔细看看这个地方，当年中国青年学子们曾经在这里生活和学习，她的父母也曾经在这里相爱。时光荏苒，物是人非，她思绪万千。

最令她激动得战栗的，是她发现了已经在这里沉睡了数十载的中法大学的中文图书，那是成批的啊。虽然灰尘累累、污渍斑斑，但在她看来，那无疑是一座宝藏，而且竟然是无人理睬的宝藏。于是她首先说服了里昂市立图书馆拿出场地开辟中文书库，她又义务地用所有的节假日来搬运这批图书。她驾驶自己的"雪铁龙"小轿车，疯了一样地搬运，要知道对于一个年过半百的妇女来说，这当然是一项十分繁重的工作，何况她还要照顾老迈衰弱的双亲，她是他们唯一的孩子。但是，她觉得，即使千辛万苦，她也必须抓紧转移那些中国书，不能让它们再杂乱堆积在无人问津的凄凉处所而丧失价值。

一个大胡子的法国青年受到感动，加入了她的搬运队伍，这就是她的学生普利。师徒二人已经不记得花去了多少假日，才搬完了这批图书。待到我去中文书库的时候，普利已经从里昂三大中文系毕业，担任了里昂市立图书馆中文书库的管理员，他们抢救出来的中法大学图书已经上架，他正在专心地整理这批图书，每天忙于为图书编目，做索引，其中的一部分已经向读者开放。

中国共产党的早期珍贵文物，《赤光》和《少年》正在这批图书之中。

五

第一次去中文书库，是尘生陪我去的，坐的就是她的那辆"雪铁龙"。参观得差不多时，她示意普利拿出"宝贝"。普利递给我一个大牛皮纸袋子，有些沉，感觉里面厚厚的，边缘不那么整齐，里面不像只有一本书。

我解开牛皮纸袋封口的缠线，慢慢抽出里面的一叠小册子。小册子的纸已泛黄，质地也变得酥脆，有的边角甚至已呈褐色，开始损毁（见图1、图2、图3），一些酥脆的纸屑掉落桌面。小册子是一批油印的刊物，最上面的一册，封面绘有一轮光芒四射的太阳，在光线上方，"赤光"

两个大字赫然映入我的眼帘（见图4）。我的心开始怦怦跳动，翻着书页的手也有些颤抖，随即又有新的纸屑掉落，我尽量使自己的情绪平静，我记得，《赤光》和《少年》是中国旅欧共产主义者主编的刊物，难道我手中捧着的正是它们吗？我匆忙扫视"赤光"两个大字下面的那几行小字，是期号与文章目录，清晰可见。毫无疑义，这确确实实就是我们党的文献：

```
第五十四期
中国革命的新形势
革命的天才——列宁
朱毛红军的消息及其斗争的意义
国际的失业问题
印度阶级斗争的进展
国际消息
```

随后的一册，封面绘有一位抡铁锤的劳动者，是《赤光》第四十八期（见图5）。我一本一本地翻阅，《赤光》之外，还有《少年》，这两种刊物最多。另有少量其他进步读物。据说这两种刊物巴黎图书馆也藏有若干册，两馆后来以复制本进行了交换，互通有无。

《赤光》的第一期创刊于1920年2月1日（见图6），第二期却在1924年2月15日出版，时隔4年，并从此成为半月刊。该期的第1页就是一篇《旅欧中国共产主义青年团为救济德国无产阶级事告旅欧华人》。《少年》只有五、八、九、十、十一、十二、十三等期，所见最早的第五期出版于1922年12月1日。两刊的编辑部都设在巴黎。

在《赤光》和《少年》中，我很快就看到了署名"伍豪"和"恩来"的周恩来同志的文章，此外还有署名"飞飞"的王若飞同志的文章，署名"富春"的李富春同志的文章，署名"蔡畅"的文章，署名"陈独秀"的文章等。他们就国际共产主义运动和中国革命的理论与实践展开讨论，进行宣传，当列宁同志和孙中山先生先后逝世时，两刊发表了悼念文字，还出版了纪念五一国际劳动节的特刊和纪念巴黎公社 58 周年、共产国际 10 周年的特刊，同时，还有为一些"共产杂志"所做的广告。

值得一说的还有《少年》第十二期的末页，文末有一"平"字，据说此钢板系邓小平同志所刻写，不知确否。

我看完后告诉李尘生和普利：你们帮助发现和保管的《赤光》和《少年》，是中国旅欧共产主义者的刊物，这些杂志是中国共产党的早期珍贵文物，是你们的镇库之宝啊，你们得倍加爱护，妥善收藏，今后，再不能让人像这样触摸了，原物陈列在玻璃柜子里展示，复印件供人翻阅。

他们很快就复制了全套的小册子，并赠送了我一套。本文之后的配图就是从中抽印的。

1996 年末，我再度来到里昂，在市立图书馆，我又见到了《赤光》和《少年》的原件，它们已经静静地躺在玻璃展柜之中。

《赤光》所载周恩来同志文章目录：

1.《军阀统治下的中国》　　　　　　伍豪　《赤光》第一期
2.《可希望的旅法华工大团结》　　　恩来　《赤光》第一期
3.《革命救国论》　　　　　　　　　伍豪　《赤光》第二期
4.《国际帝国主义乘火打劫的机会又到了》
　　　　　　　　　　　　　　　　　伍豪　《赤光》第三期
5.《将开的国际共产党第五次大会》　伍豪　《赤光》第七期
6.《实话的反感》　　　　　　　　　伍豪　《赤光》第七期
7.《北洋军阀的内讧》　　　　　　　伍豪　《赤光》第八期
8.《德国革命运动的过去》　　　　　伍豪　《赤光》第八期
9.《华府会议的又一教训》　　　　　恩来　《赤光》第八期
10.《意大利的选举》　　　　　　　　恩来　《赤光》第八期
11.《航空学会的害群之马》　　　　　恩来　《赤光》第八期
12.《共管中国江河的新形势》　　　　恩来　《赤光》第九期
13.《怕死的中国人须要另寻活路》　　恩来　《赤光》第九期

14.《这才是一个确实的进兵中国》　　　恩来　《赤光》第九期
15.《帝国主义报纸宣传的外蒙独立后状况》
　　　　　　　　　　　　　　　　恩来　《赤光》第九期
16.《法国选举以后》　　　　　　　恩来　《赤光》第九期
17.《再论中国共产主义者之加入国民党问题》
　　　　　　　　　　　　　　　　恩来　《赤光》第九期
18.《美国帝国主义者之对华政策》　恩来　《赤光》第十期
19.《中俄协定的签字后》　　　　　恩来　《赤光》第十期
20.《太平洋上的新风云》　　　　　恩来　《赤光》第十期
21.《愧死中国人的蒙古共和》　　　恩来　《赤光》第十期
22.《为周道事答湖南学生会书》　　恩来　《赤光》第十期
23.《中国底政治现状》　　　　　　伍豪　《赤光》第二一二期

图 1

附录：《赤光》和《少年》在法国里昂发现始末　161

图 2

图 3

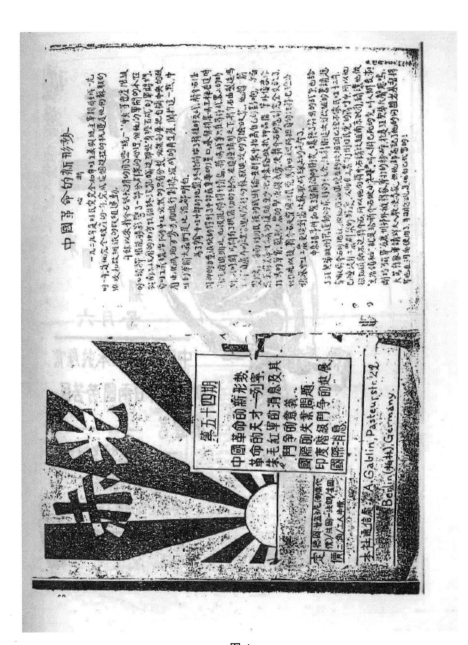

图 4

图 5

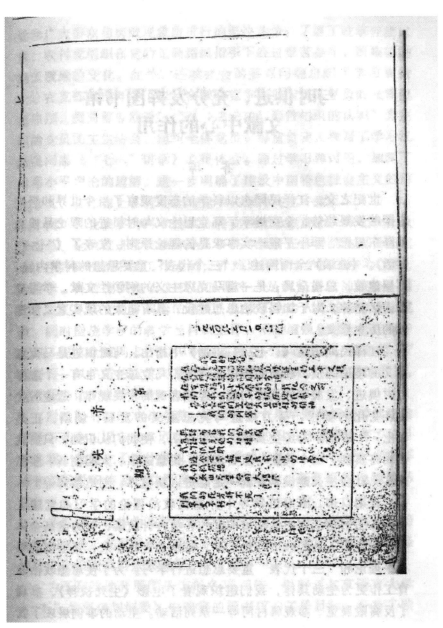

图 6

跋 语

张普离开之后，已经是第六个春天。

感念所有的善缘，在有情有义的人们尽心尽力地帮助下，张普的这本集子得以出版，完成了他生前的夙愿。各位辛苦了！

集子里的文章，本是散在的篇章，并非专门就某一主题进行系统论述。这是说明之一。

结稿在多年前，故表达中或有不合时宜之处，敬请谅解。这是说明之二。

张普在开始从事中文信息处理研究时告诉我，他原本喜欢物理专业，但因视力受限，不得已改学了中文专业。考上北京大学后，他曾希望今后有机会从事机器翻译工作。如今，计算机时代已经到来，他坚信机器与人类的语言互动必定能够实现，这正是他的志趣所在。

目前，人工智能引领的第四次工业革命，正以蓬勃之势发展，震撼性的成就相继问世，前途无可限量。人工智能技术依托的一个重要基础，就是自然语言的理解和生成，张普倾半生精力与同人们所做的研究工作，对于社会日新又日新的进步，是具有价值的，为此我很欣慰。

万事起头难，我记得当初他们迈出的步履、踏下的足印，更记得改革开放大潮开创的时代背景，记得领导、前辈给予他们的信任与勉励，记得他们团结协作的许多细节。天时地利人和，缺一不可，我想，张普认同我的感受。

谨向北京大学出版社致谢。

石定果
甲辰仲春于北京